# 図表で読む日蓮遺文

小林 正博

第三文明社

# はじめに

現代の高度な情報化社会に生きる私たちは、めまぐるしく変貌《へんぼう》する情報伝達手段の進歩に追いつくのが精一杯《せいいっぱい》という状況です。

一方、鎌倉時代はというと、もとより携帯電話もファクスもインターネットもブログもあるわけではありません。もちろん民間レベルの郵便制度もありません。

その中で、日蓮とその門下《もんか》の交流は、むしろ直接会うか、消息《しょうそく》を通してしかつながる術《すべ》はありませんでした。しかし、だからこそ今よりはるかに濃密《のうみつ》なコミュニケーション手段によって、堅《かた》い絆《きずな》が結ばれていったといっていいでしょう。

その重要な伝達手段としての「消息」はいうまでもなく日蓮の直筆《じきひつ》の手紙であり、それに触《ふ》れることで門下はそれぞれが抱《かか》える人生の悩み、逆境《ぎゃっきょう》を乗り越えていったのです。

だれよりも〝直筆の消息〟という伝達手段を重要視していたのは日蓮だったのです。おそらくその生涯で書いた消息の数は優《ゆう》に一千通を超えていたでしょう。

驚くべきことに、日蓮の〝直筆〟は紙数にして約二千七百枚近くが現存しているのです。七百三十年も経っているのに、これだけのほんものの日蓮の文字が残っていることは、歴史上の奇跡といっていいかもしれません。

筆者（小林）は、これらの真蹟《しんせき》を一枚一枚、一文字一文字たどりながら、あるいはなぞりながら解読する作業を二十年近く積み重ねてきました。

そこにつづられた文字を見て改めて知ることのできた日蓮の人柄、門下への心配り、そして師弟間の心の絆の強さに改めて感動したこともしばしばです。また活字化された日蓮の文書（日蓮遺文《いぶん》）を読むだけでは、絶対に見えてこない新しい発見も多くありました。文字の字形、字体、大きさ、振り仮名《ふがな》、挿入《そうにゅう》記号、校正のあり方などから、真蹟そのものを見ることによって初めて知ることのできる貴重な情報が読みとれるのです。

また、日蓮遺文（以下、『御書』と呼ぶ）に書かれている内容は鎌倉時代の文化、風習、人物、出来事、用語、価値観などをもとに記述されているので、現代人の感覚では理解できないことも多くあります。

それらをまとめた形で一書にしてみようという試みから本書ができあがりました。

本書は「日蓮の生涯」「御書とそのことば」「暦《こよみ》と元号《げんごう》」「鎌倉時代の政治と社会」「門下群像」と五つの章に大別してありますが、通して読まれても結構ですし、関心のある項目を選んで拾い読み、『御書』を読むための「事典」として活用していただいてもよいと思います。項目は全部でちょうど五十項あり、以下IからVに章立てしています。

I「日蓮の生涯」では居住した場所の年数、経験した元号、記念日カレンダー、そして日蓮の受けた法難、そして確実な事績などについて図表化しています。

II「御書とそのことば」では五大部・十大部の紹介と、『御書』の本文を読む以前の問題として、題号、手紙の書き方、花押《かおう》（サイン）、述作年代などについての基礎知識を解説しました。ここでは〝真蹟〟そのものから浮かび上がってくる情報をふんだんに取り入れています。

III「暦と元号」では現代の新暦と日蓮の時代の旧暦の違いから起こる数々の誤解を取り上げ、旧暦の考え方が理解できるように努めました。また、鎌倉時代の人たちになじみの深い、元号や干支《かんし》についてそのしくみも詳しく解説しました。

Ⅳ「鎌倉時代の政治と社会」では『御書』の時代背景を押さえるための基本的な事項を整理しまとめました。幕府権力者、有力僧のことや官職・位階《いかい》のしくみ、裁判制度などを図表化して解説しています。

Ⅴ「門下群像」では門下の全容がつかめるように数値で門下の数や僧俗男女の比率、さらに四大檀越《だんおつ》（在家の信徒）を取り上げ、師弟の絆をテーマに弟子のあり方を浮き彫りにしています。

巻末に「用語索引《さくいん》」と「図表索引」を設けて、知りたいことが何頁《ページ》に書かれているか引きやすいようにしてあります。


そして、本書の最大の特長は〝図表〟を駆使《くし》したところにあります。文章で表現したことを〝図表〟で示すことで、よりわかりやすく伝えることができるとの思いから、本書では〝図表〟作成にかなり力を入れて編集しました。これによって〝図表で学ぶ御書事典〟といった内容にもなっています。ぜひ巻末の「図表索引」をご覧ください。きっとその中には読者のみなさんが知りたかったこと、興味のある事項が入っていると思います。
本書を通して、『御書』がより身近な存在となり、少しでも理解を深めていただければ著者としてこれ以上の歓びはありません。

平成二十四年五月

著　者

〈文中の日蓮遺文の引用については『日蓮大聖人御書全集』〈創価学会版〉を用いている。頁数はこれによる。なお『日蓮大聖人御書全集』は『御書』と略し表記した。また、引用文には振り仮名を追加した箇所がある。〉

# 図表で読む日蓮遺文

《もくじ》

装幀／堀井美恵子（HAL）

# I　日蓮の生涯

## 居住地とその期間

日蓮は六十年の生涯を、いろいろな地で過ごしています。幼年期を過ごしたふるさと安《あ》房《わ》、仏教の研鑽《けんさん》のための鎌倉、京都、奈良への修学、特に二十代の大半は比叡山延暦寺《ひえいざんえんりゃくじ》で研鑽を重ねています。また強制的に所を追われ、伊豆《いず》・佐渡《さど》へ流罪されたりもしました。

そこで、いったいどの地で何年くらい過ごしたのかを調べ、居住の地と年数を集計して一覧表にしてみました。

一番長いのは、ふるさと千葉です。日蓮にとって千葉は父がいて、母がいて、兄弟子がいて、同僚がいて、師（道善房《どうぜんぼう》）がいた有縁《うえん》の地なのです。そして誓願《せいがん》の地であり、立宗《りっしゅう》宣言《せんげん》の地でもあります。二番目は鎌倉です。当時鎌倉は政治の中心地でした。日蓮は南無妙法蓮華経を弘める法戦の地として政都《せいと》・鎌倉を選び、ここで仏法正義の証明を果た

## 日蓮が居住した地（年齢は数え年）

| 西　暦 | 年　齢 | 場　所 | 備　考 |
|---|---|---|---|
| 1222－1241 | 1 | 安　房（千　葉） | |
| 1241－1242 | 20 | 鎌　倉（神奈川） | 鎌倉遊学 |
| 1242－1253 | 21 | 京　都・奈　良 | 畿内遊学 |
| 1253－1254 | 32 | 安　房（千　葉） | |
| 1256－1271 | 35 | 鎌　倉（神奈川） | |
| 1261－1263 | 40 | 伊　豆（静　岡） | 伊豆流罪 |
| 1264 | 43 | 安　房（千　葉） | 小松原の法難 |
| 1271 | 50 | 依　智（神奈川） | 竜の口の法難 |
| 1271－1274 | 50 | 佐　渡（新　潟） | 佐渡流罪 |
| 1274 | 53 | 鎌　倉（神奈川） | 流罪赦免 |
| 1274－1282 | 53 | 身　延（山　梨） | |
| 1282 | 61 | 池　上（東　京） | 入　滅 |

## 日蓮の居住年数ベスト5

| 場　所 | 年　数 |
|---|---|
| 安　房（千　葉） | 20年 |
| 鎌　倉（神奈川） | 15年 |
| 畿　内（京都・奈良） | 12年 |
| 身　延（山　梨） | 8.3年 |
| 佐　渡（新　潟） | 2.3年 |

さずしてどこで果たすか、という強い決意で、延べ十五年（安房・伊豆を除き、鎌倉遊学を含む）にわたる不屈《ふくつ》の戦いを展開したのです。なお、最近の研究では、鎌倉に入ったのは建《けん》長《ちょう》八年（一二五六年）ごろとされています。

三番目に長いのが修学期の比叡山《ひえいざん》時代で、二十代のほとんどを畿内《きない》で過ごし、仏教研鑽の日々を送っています。以下、晩年の身延《みのぶ》時代、そして二年四か月に及ぶ佐渡流罪期間が続きます。

以上のように日蓮の行動範囲は広域に及んでいたのです。

# 生涯研鑽の日々

天福《てんぷく》元年（一二三三年）の春、十二歳にして日蓮は清澄寺《せいちょうじ》という天台宗寺院に入ります。その数年後、通説では十六歳の時、道善房《どうぜんぼう》という師のもとで出家しました。

日蓮は出家までの数年間、乾《かわ》いた土が水を得るように、仏教はもとより当時の学問の一般的素養も身につけ、社会の事象《じしょう》にも深い関心と問題意識をもっていました。そのため田舎《いなか》の寺であった清澄寺では、学ぶことはほとんどなくなってしまうほどでした。回想表現によれば、入山直後、智慧《ちえ》の象徴でもある虚空蔵《こくうぞう》菩薩の前で「日本第一の智者《ちしゃ》となし給《たま》へ」（「清澄寺大衆中」『御書』八九三頁）と誓願《せいがん》したといいます。この若き日の誓《ちか》いは、後に日本第一の法華経の行者として未曾有《みぞう》の法難を乗り越え、また一切衆生を救済する末法の正師として、未聞《みもん》の大法を顕示《けんじ》したことで結実《けつじつ》しています。若き日の誓いを保ち続け、ついにはその誓いのスケールさえもはるかに超えた生涯をおくる――それは一人の人間がもっている可能性に限界はないことと、夢の実現をめざすことの大切さを私たちに示してくれているのです。

出家後、日蓮は政都《せいと》・鎌倉や、仏教の中心地・関西へ修学します。

日蓮が出家し修学の旅に出たのは、三つの動機がありました。

一つは、生死の問題に正面から取り組み、成仏の道をきわめていくという仏教者であれば、だれもが思い願う根本的なものでした。しかし、日蓮はいまだかつてその解答を見い出した者はいないと考えていました。その答えを見い出そうと、求道の第一歩を踏み出したのです。

二つには、仏教の分派の現状について、釈尊の説いた教えがなぜ八宗・十宗と分かれてしまったのか、釈尊の真実の教えは何かを解明することでした。

三つには、一国の君主たる天皇が武士との争いの中で、海中に没《ぼっ》したり（源平合戦）、遠《えん》島《とう》に流されたりして（承久《じょうきゅう》の乱）、武力がものを言う時代になっているが、政権の真の担《にな》い手は朝廷か武家かどちらなのかという疑問の解明でした（以上、一と二は「妙法比丘尼御返事」

〈同一四〇七頁〉、三は「神国王御書」〈同一五一八～一五二〇頁〉による)。

日蓮の修学は清澄入山から立宗宣言まで二十年にわたり、結論として法華経こそ釈尊一代五十年の説法中、最高の経典であると位置づけたのです。そして、南無妙法蓮華経こそ末法の衆生を救済する究極の法であると確信するに至《いた》ったのです。この南無妙法蓮華経の宣言までに二十年の歳月をかけ、学びに学び、考えに考え、ついに十二歳の「日本第一の智者となし給へ」との誓願《せいがん》を果たしたのです。

しかし、最高の教えをつかんだ日蓮の仏教の研鑽《けんさん》は、これで止まるということはありませんでした。現代的にいえば、その後も生涯学習の人生を歩み続けたのです。

立宗宣言後、鎌倉に入った日蓮は衝撃《しょうげき》的な体験をします。それは正嘉《しょうか》元年八月二十三日に起きた大地震でした。その後も自然災害がうち続き、鎌倉の多くの人々の命が奪われていったのです。日蓮はその原因を究明するために、改めて一切経を研鑽し尽くし、これが「立正安国論《りっしょうあんこくろん》」として結実したのです。まさに「立正安国論」は三十七歳から三十九歳までの三年の経典読破の成果だったといえます。

その後、佐渡に流罪された日蓮は流人《るにん》の身でありながら、次々と重書《じゅうしょ》を著《あらわ》していきます。

流罪されて四か月後に書かれた「佐渡御書」には「外典抄《げてんしょう》文句《もんぐ》の二玄《げん》の四の本末勘文宣《ほんまつかんもんせん》旨《じ》等これへの人人もち《持》てわたらせ給《たま》へ」（同九五六頁）と、天台大師の『法華文句《ほっけもんぐ》』の二巻と『法華玄義《げんぎ》』の四巻とその注釈書である妙楽大師の『法華玄義釈《しゃく》籤《せん》』の四巻がないから持ってきてほしいといい、さらに「外典書《げてんしょ》の貞観政要《じょうがんせいよう》すべて外典の物語八宗の相伝等此等《これら》がなくしては消息もかかれ候《そうら》はぬにかまへてかまへて給《たび》候べし」（同九六二頁）と、具体的に内外の典籍要請《てんせきようせい》をしているのです。この要請に応え、門下は佐渡に渡り典籍を日蓮に届けたのです。それらを熟読《じゅくどく》しながら熟考を重ね、「観心本尊抄」など重要な法門が著述《ちょじゅつ》として結実していきました。

　建治期《けんじ》（一二七五から一二七八年）に富木常忍《ときじょうにん》に次のような一節を送っています。「我が門《もん》家《け》は夜は眠りを断《た》ち昼は暇《いとま》を止《とど》めて（止暇断眠《しかだんみん》）之《これ》を案ぜよ一生空《むな》しく過《す》して万歳悔《ばんさいく》ゆること勿《なか》れ」（「富木殿御書」同九七〇頁）と。別名「止暇断眠御書」と称される有名な一節です。

　ここにいう「之を案ぜよ」というのは「真言宗に対する理論的破折《はしゃく》」を指しています。つまり、真言宗を破るために夜を徹し、昼間も寸暇《すんか》を惜《お》しんで研鑽するように門下に指示を出しているのです。

当時、鎌倉武士の精神的支柱だったのは鶴岡八幡宮《つるがおかはちまんぐう》でした。そのトップの立場にあった別当職《べっとうしき》は真言宗東寺《とうじ》派か天台宗寺門《じもん》派（園城《おんじょう》寺の別称、真言化していた）出身の僧侶が独占していたし、あの極楽寺良観も真言を取り入れた真言律宗《りっしゅう》の僧でした。さらに鎌倉念仏宗の中心的な存在だった然阿《ねんあ》良忠《りょうちゅう》も、専修念仏《せんじゅねんぶつ》（ただひたすら念仏を唱えること）ではなく、真言密教《みっきょう》（大日経等の三部経を仏が説いた真実・秘密の教えとする説）をなかば認めています。要するに各宗とも共通して密教的な体質を帯《お》びており、真言密教は諸宗の中で最も強い影響力と幕府との強いパイプをもって宗教界に君臨していたのです。

日蓮は身延に入ってから本格的に真言破折《はしゃく》に踏み切っています。そのタイミングは、蒙《もう》古《こ》の侵略が現実となり、幕府が敵国調伏《ちょうぶく》を真言祈禱《きとう》に頼る真っただなかでした。文永十一年（一二七四年）十月に起きた文永の役《えき》の一か月後に著《あらわ》された「曾谷《そや》入道殿御書」（同一〇二四頁）を皮切りに、日蓮の真言破折は堰《せき》を切ったように本格化していきます。

「曾谷入道殿御書」に「自界叛逆難《じかいほんぎゃくなん》・他方侵逼《たほうしんぴつ》の難既《すで》に合い候《そうら》い畢《おわ》んぬ、之《これ》を以《もっ》て思うに『多く他方の怨賊《おんぞく》有つて国内を侵掠《しんりょう》し人民諸《もろもろ》の苦悩を受け土地に所楽の処《ところ》有ることと無けん』と申す経文合い候いぬと覚え候、当時壱岐《いき》・対馬《つしま》の土民の如《ごと》くになり候はん

## 真言破折書の一覧

| 御書名 | 『御書』の頁 |
|---|---|
| 「強仁状御返事」 | 184 |
| 「撰時抄」 | 256 |
| 「報恩抄」 | 293 |
| 「清澄寺大衆中」 | 893 |
| 「富木殿御書」 | 969 |
| 「大田殿許御書」 | 1002 |
| 「曾谷入道殿御書」 | 1024 |
| 「瑞相御書」 | 1140 |
| 「大学三郎殿御書」 | 1203 |
| 「教行証御書」 | 1276 |
| 「高橋入道殿御返事」 | 1458 |
| 「三三蔵祈雨事」 | 1468 |
| 「神国王御書」 | 1516 |

ずるなり、是《こ》れ偏《ひとえ》に仏法の邪見《じゃけん》なるによる仏法の邪見と申すは真言宗と法華宗との違目《いもく》なり」(同一〇二四頁)とあり、このままでは蒙古襲来《しゅうらい》によって凄惨《せいさん》な被害を受けた壱岐・対馬の人々のように、日本中の民衆も生命を脅《おびや》かされることを憂《うれ》いています。そしてこの原因は仏法の邪見がもたらしているのであり、それは真言であると断言

したのです。そして法華と真言の勝劣《しょうれつ》を明確にする時を感じ、以後真言の教義を徹底的に研鑽し、破折を展開していったのです。

前頁に挙《あ》げた表は文永《ぶんえい》期後半から建治《けんじ》期に書かれた真言破折書です。述作《じゅっさく》年代は近年の研究で多少前後するものもあるので、御書名だけ挙げておきます。

極《きわ》めつけは、五大部（本書五六頁参照）に数えられる「撰時抄《せんじしょう》」（建治元年）と「報恩抄《ほうおんしょう》」（建治二年）です。この二書はまさに本格的な真言破折書なのです。

したがって、前述した「止暇断眠御書《しかだんみん》」の「我が門家は夜は眠りを断ち昼は暇を止めて（止暇断眠）之を案ぜよ」という一節は、門下への指導というよりは、日蓮自らが真言書を読破し、思索《しさく》を重ねていた渦中《かちゅう》に書いた一節であり、そのまま自身の止暇断眠の戦いを表現しているととらえられるのです。

止暇断眠の姿勢でしっかり研鑽しておきなさい、という門下への指示は、実はまず自らが率先《そっせん》して実践していることを門下にも必要だと判断して出したのです。このように仏教の正邪《せいじゃ》を追究する徹底した学びの姿勢は、立宗宣言以前の修学期だけでなく生涯にわたって続いていたことがわかります。

## 松葉ケ谷の法難

日蓮が松葉ケ谷《まつばがやつ》の法難について言及した御書は、「下山御消息《しもやまごしょうそく》」（『御書』三五五頁）「妙法比丘尼御返事《みょうほうびくにごへんじ》」（同一四一三頁）「論談敵対御書《ろんだんてきたいごしょ》」（真蹟断簡《しんせきだんかん》、『御書』になし）などがあります。

文応元年《ぶんおう》（一二六〇年）七月、「立正安国論」を受け取った幕府は、これを無視しました。名もない身分も卑《いや》しい一僧侶の訴えなど聞き入れるはずもありませんでした。しかし、念仏宗批判を中心とした「立正安国論」の内容は、鎌倉の念仏信仰者の反感を買い、日蓮の身に危険が迫っていたのです。

弘長《こうちょう》二年（一二六二年）の述作《じゅっさく》とされる「論談敵対御書」という一紙七行の断簡《だんかん》（数行しか残っていない紙片）が残っていて、念仏者たちが「立正安国論」提出直後、法論を挑《いど》んできたが歯が立たず、あらゆる策謀《さくぼう》をめぐらし、時には暴力的な弾圧行動に出る者がいたことを

## 日蓮が受けた大難

| | | |
|---|---|---|
| ①松葉ケ谷《まつばがやつ》の法難 | 39歳 | 文応元（1260）年から<br>弘長元（1261）年5月まで |
| 鎌倉の念仏者によって度重《たびかさ》なる迫害を受ける | | |
| ②伊《い》豆《ず》流《る》罪《ざい》 | 40歳 | 弘長元（1261）年5月12日 |
| 悪口の咎《とが》によって幕府から伊豆流罪に処せられる | | |
| ③小松原の法難 | 43歳 | 文永元（1264）年11月11日 |
| 安房の地頭《じとう》・東条景信《かげのぶ》に襲われ、左腕骨折・眉間《みけん》を斬《き》られる | | |
| ④竜《たつ》の口《くち》の法難 | 50歳 | 文永8（1271）年9月12日 |
| 平左衛門尉頼綱《へいのさえもんのじょうよりつな》により逮捕される。竜の口死刑場に連行される。謀叛《むほん》の咎と考えられる | | |
| ⑤佐 渡 流 罪 | 50歳 | 文永8（1271）年10月10日 |
| 処刑に失敗した幕府によって佐渡へ流罪される | | |

伝えています。

その全文を挙《あ》げれば（原文は漢文）、「論談敵対の時　二口三口には及ばず一言二言を以《もっ》て退屈《たいくつ》せしめ了《おわん》ぬ。所謂《いわゆる》善光寺道阿弥陀仏《どうあみだぶつ》・長安寺能安《のうあん》等是也《これなり》。其《その》後は唯悪口《ただあっこう》を加へ　無知の道俗《どうぞく》を相語《あいかた》らひ留難《るなん》を作《な》さしむ。或《あるい》は国々の地頭《じとう》等に語ひ　或は事を権門《けんもん》に寄せ　或は昼夜に私宅《したく》を打ち　或は杖木《じょうもく》を加へ　或は刀杖《とうじょう》に及び　或は貴人に向て謗法《ほうぼう》者・邪見者・悪口者・犯禁《ぼんきん》者等の誑言《おうげん》を云《い》うこと其《そ》の教を知らず。ついに去年五月十二日戌時《いぬのとき》……」とあります。

念仏者たちは憎悪《ぞうお》にかられた非難中傷を喧伝《けんでん》しながら、幕府にも強い処断《しょだん》を迫っていました。それでも幕府は直接動かなかったため、結局念仏者が中心となってあらゆる迫害が執拗《しつよう》に繰り返されたのです。文中の「昼夜に私宅を打ち」との表現の中に、松葉ケ谷の法難が含まれていることをうかがわせています。そして、最後に「五月十二日戌時《いぬのとき》」とあるのは、伊豆流罪のことをさしています。この表現からは「立正安国論」提出後、松葉ケ谷の草庵《そうあん》を拠点にして、念仏僧との法論を行い、その後松葉ケ谷の草庵にいた日蓮と念仏者たちとの攻防戦が続けられていたことが伝わってきます。鎌倉を追われ、下総《しもうさ》の富木邸《ときてい》

## 松葉ケ谷と鎌倉

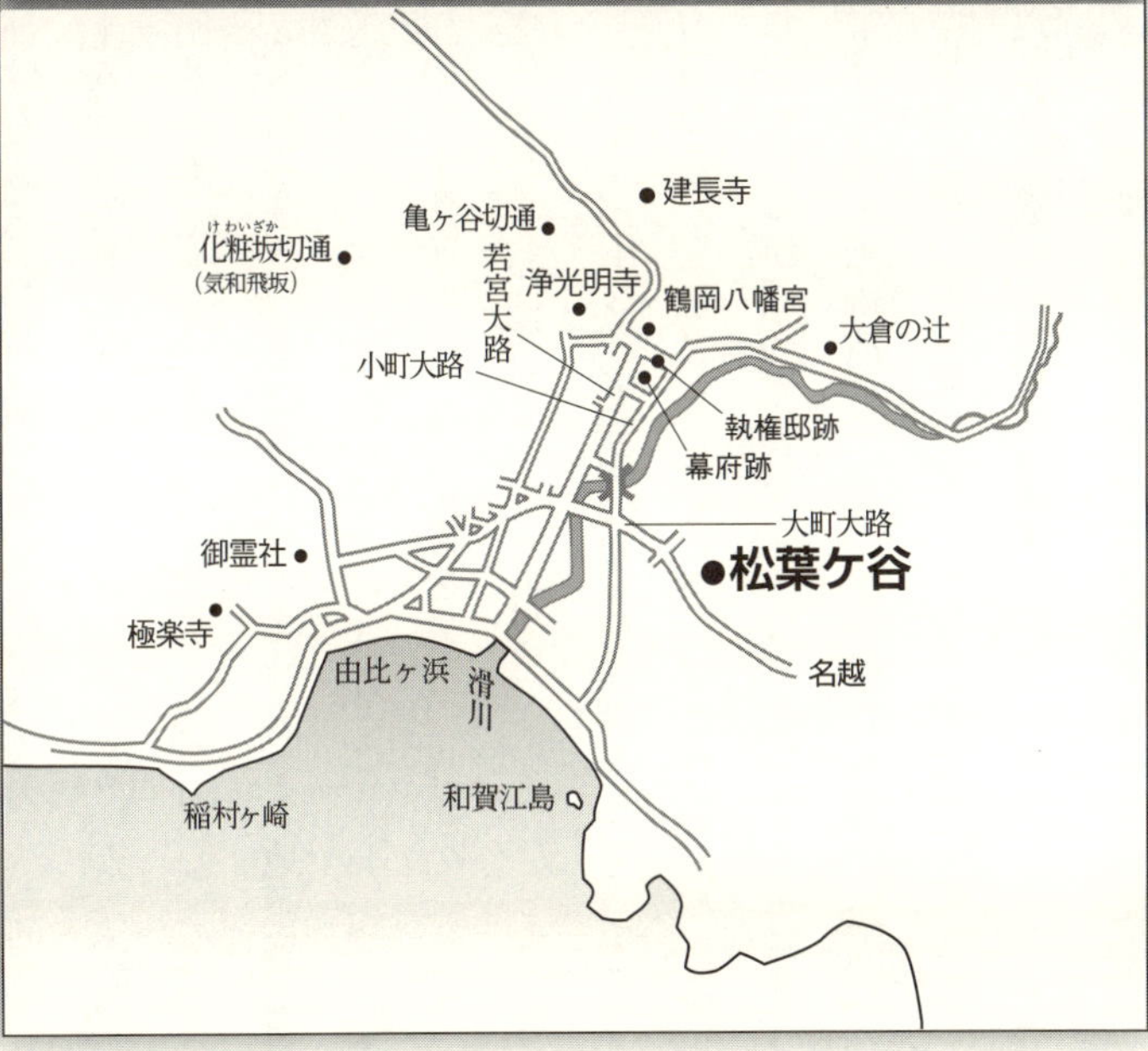


に一時逃《のが》れていたという伝説がありますが、鎌倉脱出など微塵《みじん》も感じられません。「下山御消息」の一節を見ても、やはり鎌倉退出の事績を確認することはできません。

「先《ま》ず大地震に付て去る正嘉《しょうか》元年に書を一巻注したりしを故最明寺《こさいみょうじ》の入道殿に奉《たてまつ》る御尋ねもなく御用いもなかりしかば国主の御用いなき法師なればあやまちたりとも科《とが》あらじと

やおもひけん念仏者並《ならび》に檀那《だんな》等又さるべき人人も同意したるとぞ聞《きこ》へし夜中に日蓮が小《しょう》庵《あん》に数千人押し寄せて殺害せんとせしかどもいかんがしたりけん其の夜の害もまぬかれぬ、然《しか》れども心を合せたる事なれば寄せたる者も科なくて大事の政道を破る日蓮が未《いま》だ生きたる不思議なりとて伊豆の国へ流しぬ」（同三五五頁、傍線筆者）

この文章が述べる事績を時系列で説明していけば、「立正安国論」の提出→北条時頼《ときより》はこれを用いず→念仏者はこの経緯《けいい》を見て、日蓮の命を奪ってもさしたる科《とが》にはならないと判断→念仏者とその檀那たちは権力者である「さるべき人人」（北条重時《しげとき》か、筆者注）も同意していることとして松葉ケ谷の草庵を襲撃→どうしたことか、日蓮は難を免《まぬか》れた→しかし、権力者たち、念仏者たちが結束しての行動だったから襲撃した者への咎《とが》めはなかった→こうしてついに伊豆へ流罪となった、ということになります。

このように「下山御消息」や「論談敵対御書」の内容からも、松葉ケ谷の法難というのは、「立正安国論」提出後、念仏僧との法論から始まり、伊豆流罪に至《いた》るまでの間、執拗《しつよう》に繰り返された数々の迫害の総称というべきでしょう。ですから、文応元年とも弘長元年とも決められない、まして起きた月日を論じることは意味がない法難なのです。文応元年八月二十七日とする説もありますが、これは江戸時代に出てきた伝承《でんしょう》にすぎません。たとえ「数千人」とも「数万人」ともいわれる念仏者が草庵襲撃を画策《かくさく》したとしても、それは未遂《みすい》に終わっているし、日蓮の身に直接の害が及んだわけではないのです。これは他の法難とは明らかに質が違うもので、松葉ケ谷の草庵に在《あ》ったときに受けた数々の法難という実態からすれば、松葉ケ谷の法難とは、「松葉ケ谷の草庵時代に受けた数々の法難」のことだというべきでしょう。

# 伊豆流罪

弘長《こうちょう》元年（一二六一年）五月、ついに日蓮は幕府によって逮捕され、伊豆（静岡県）へ流罪《るざい》されました。罪状は当時の幕府法（御成敗式目《ごせいばいしきもく》）の中にある悪口《あっこう》の咎《とが》と思われますが、これは日蓮が激しく念仏信仰を批判した「立正安国論」の内容によるものと考えられます。

伊豆流罪によって流人《るにん》となった日蓮は、ある門下に手紙を送り、次のように心境を語っています。「流罪の身となって自分は大いに喜び、また大いに嘆いている」（「四恩抄」『御書』九三五〜九三九頁、趣旨）と。それは、思う存分法華経の研鑽《けんさん》と実践が十分できることへの喜びであり、と同時に、自分が伊豆にいるかぎり人々を救済することができないという嘆きだというのです。日蓮の心は、どこにいようと、どこまでも民衆救済に向かっていたのです。

# 伊豆流罪の地

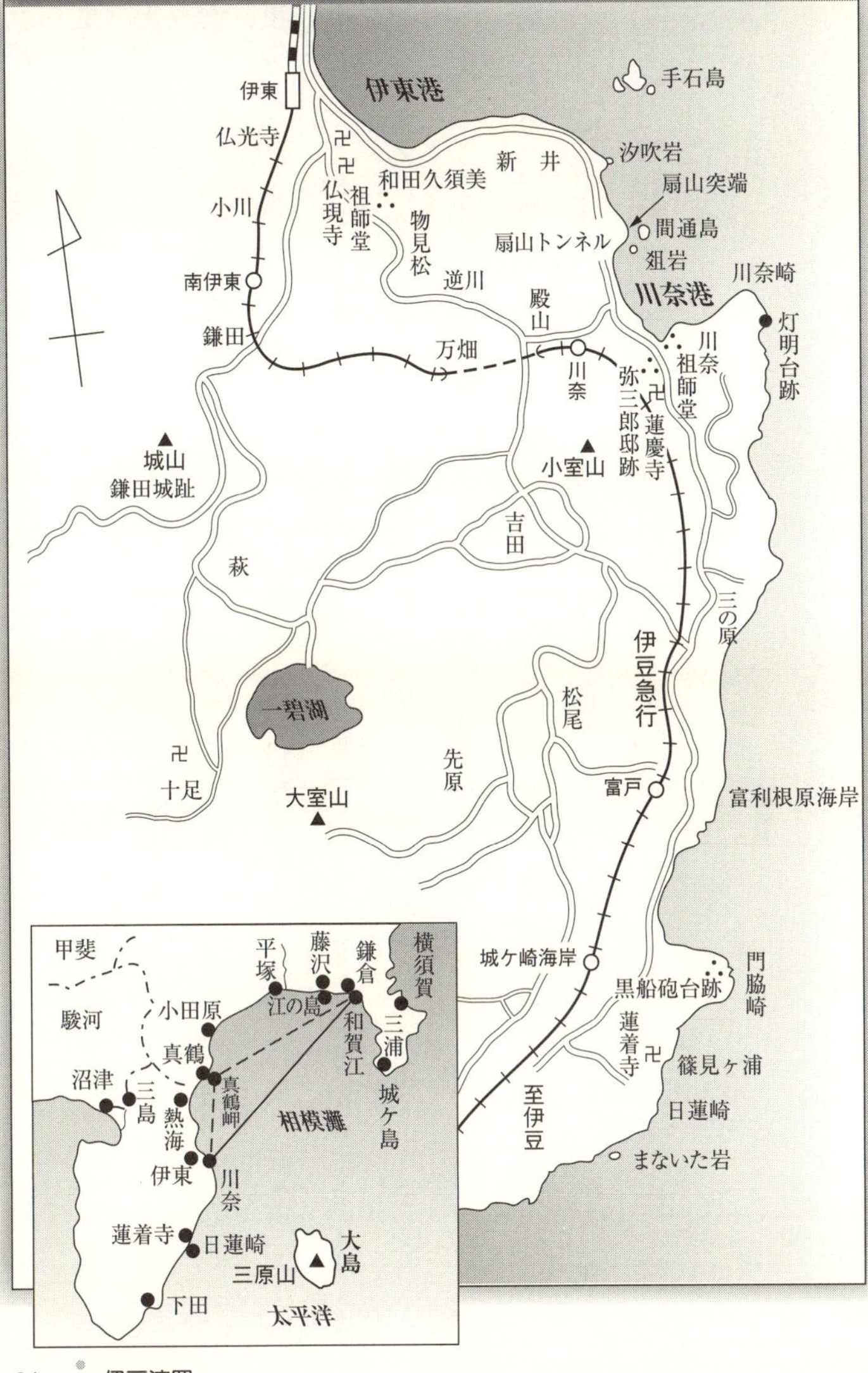
伊東港
手石島
伊東
仏光寺
汐吹岩
新 井
和田久須美
扇山突端
小川
仏現寺
祖師堂
物見松
間通島
扇山トンネル
俎岩
南伊東
逆川
川奈崎
川奈港
殿山
灯明台跡
鎌田
万畑
川奈
川奈
祖師堂
弥三郎邸跡
蓮慶寺
城山
鎌田城趾
小室山
吉田
萩
三の原
伊豆急行
一碧湖
松尾
先原
富戸
十足
大室山
富利根原海岸
城ケ崎海岸
門脇崎
黒船砲台跡
蓮着寺
篠見ヶ浦
至伊豆
日蓮崎
まないた岩
甲斐
平塚
藤沢
鎌倉
横須賀
駿河
小田原
江の島
和賀江
三浦
真鶴
真鶴岬
沼津
三島
熱海
城ケ島
相模灘
伊東
川奈
蓮着寺
日蓮崎
大島
三原山
下田
太平洋

伊豆流罪は、弘長元年五月十二日から同三年二月二十二日まで一年九か月に及びました。伊豆流罪中に日蓮の自覚は深まりを見せていきます。今まで「法華経の持経者《じきょうしゃ》」という立場であったのを「法華経の行者」と自らを呼ぶようになります。持経者は平安時代、主に法華経に説かれる五種の修行（受持《じゅじ》・読《どく》・誦《じゅ》・解説《げせつ》・書写《しょしゃ》の五つ）を根本に活動していた遁《とん》世《せ》の私度僧《しどそう》（官許《かんきょ》を得ないで出家した僧）をいいますが、日蓮はそれと訣別《けつべつ》して、「法華経の行者」と名乗《なの》ったのです。法華経の行者の資格は、法華経の経文に記されているような法難を受けるところにあります。日蓮は国家という権力から受けた法難を契機《けいき》に、法華経の行者であることを身をもって体験できたことを強く自覚するようになったのです。

法華経には釈尊滅後の法華経布教について、難事中の難事でありさまざまな法難に遭《あ》うことが繰り返し記《しる》されています。日蓮はその法難という逆境《ぎゃっきょう》の中で、法華経を身で読むことができたことに深い感動を覚えたのです。

# 小松原の法難

弘長三年（一二六三年）二月二十二日、日蓮は伊豆流罪を赦免《しゃめん》となり鎌倉に戻りました。鎌倉での布教は流罪以前より拍車《はくしゃ》がかかり、いかなる権力からの弾圧にも屈しない姿勢はゆるぎないものとなっていました。もとより「法華経の行者・日蓮」であるかぎり、迫害や弾圧は当然起こりうるとの心構えはできていました。

赦免の翌年、日蓮は母危篤《きとく》の知らせを聞いてふるさとに戻りますが、法難はここでも待ち受けていました。安房《あわ》（千葉県南部）の地頭《じとう》・東条景信《とうじょうかげのぶ》によって文永元年（一二六四年）十一月十一日に襲撃されたのです。「今年（文永元年、筆者注）も十一月十一日安房の国・東条の松原と申す大路《おおじ》にして、申酉《さるとり》の時・数百人の念仏等にまち《待》かけられて候《そうら》いて、日蓮は唯《ただ》一人・十人ばかり・もの《物》の要にあふ《合》ものは・わづか《僅》に三四人なり、いる《射》や《矢》はふる《降》あめ《雨》

## 小松原の法難周辺地図

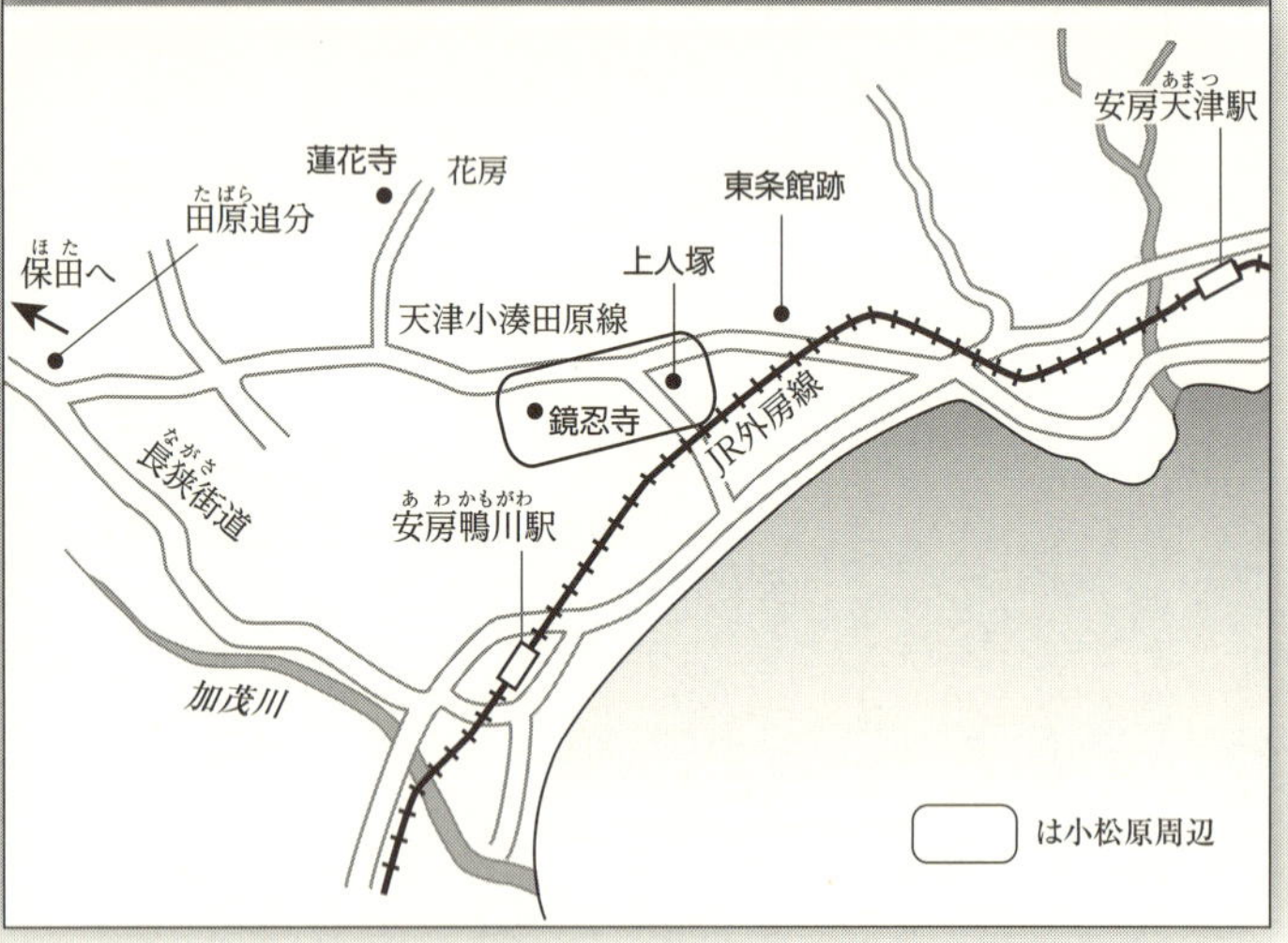


のごと《如》し・うつ《討》たち《太刀》はいなづま《雷》のごとし」（「南条兵衛七郎殿御書」『御書』一四九八頁）と法難の様子を記しています。

日蓮は刀傷《かたなきず》を負《お》い、危《あや》うく命を奪われるところでした。「文永元年甲子《きのえね》十一月十一日頭《こうべ》にきず《疵》をかほり左の手を打ちをらる」（「聖人御難事」同一一八九頁）とあるように眉間《みけん》（額《ひたい》の中央）に傷を被《こうむ》り、左腕骨折という重傷を負ったのです。

おそらく日蓮は、長年にわたる領家《りょうけ》の尼《あま》（清澄寺と深い関わりのある尼と考えられる）と東条景信との間で起きた土地を巡《めぐ》る訴訟《そしょう》で、領家方を勝訴に導いたことが東条景信の恨《うら》みを買い、襲撃されたと考えられます。このとき門下の工藤吉隆《くどうよしたか》が殉死《じゅんし》したとされています。これを襲撃された地名から小松原《こまつばら》の法難と呼んでいます。

## 竜の口の法難

文永《ぶんえい》五年（一二六八年）、蒙古《もうこ》の皇帝フビライの書簡《しょかん》が日本に届きました。日本とのよしみを求めるこの書簡の最後には、日本が蒙古との国交を拒否すれば攻め込むことを示唆《しさ》する表現がつづられていました。まさに日蓮が「立正安国論」で予見した他国からの攻めが現実味を帯《お》びてきたのです。日蓮はこの情報を聞いて、敢然《かんぜん》と幕府要人、有力寺院の中心者たちに国難への警告を発しました。しかし、幕府は蒙古の国書（外交文書）を握りつぶし、日蓮の諫言《かんげん》をも無視したのです。

そんな中、鎌倉での日蓮の布教《ふきょう》は着実に進み、日蓮からの批判の対象になっていた鎌倉仏教界も、日蓮教団の発展を快く思わなくなっていました。そうして文永八年（一二七一年）、日蓮の生涯中最大の法難、すなわち竜《たつ》の口《くち》の法難が起こりました。竜の口の法難は、権威・権力との断固たる戦いの中で被《こうむ》った最大の法難です。

その発端は、幕府の要請《ようせい》を受けた真言律宗の良観《りょうかん》による雨ごいの祈禱《きとう》をめぐって日蓮が対決を迫ったところ、祈雨《きう》に失敗した良観が日蓮を強く憎み、幕府へ訴えたことにあります。

祈雨をめぐって良観と対決したのは、けっして個人的な次元での争いなのではなく、これをきっかけにして、公場対決を迫り、幕府の宗教政策の誤りを正し、苦悩にあえぐ民衆救済への道を開く足がかりになればという思いからでした。そういう意味ではたとえ訴えられた立場であっても、日蓮がめざしてきた教義論争が公《おおやけ》の場で実現することは大きな前進を意味していたのです。

三年前の蒙古の牒状《ちょうじょう》（公文書）到着以来、日蓮が起こしてきた諫暁《かんぎょう》行動が公場対決実現へと大きく進もうとしていました。しかし、当時鎌倉仏教界の頂点に立っていた真言律宗の良観（一二一七～一三〇三年）、念仏宗の良忠《りょうちゅう》（一一九九～一二八七年）、禅の道隆《どうりゅう》（一二一三～一二七八年）などが結束《けっそく》して、日蓮教団をつぶしにかかりました。それだけでなく、幕府

## の刑場の地図

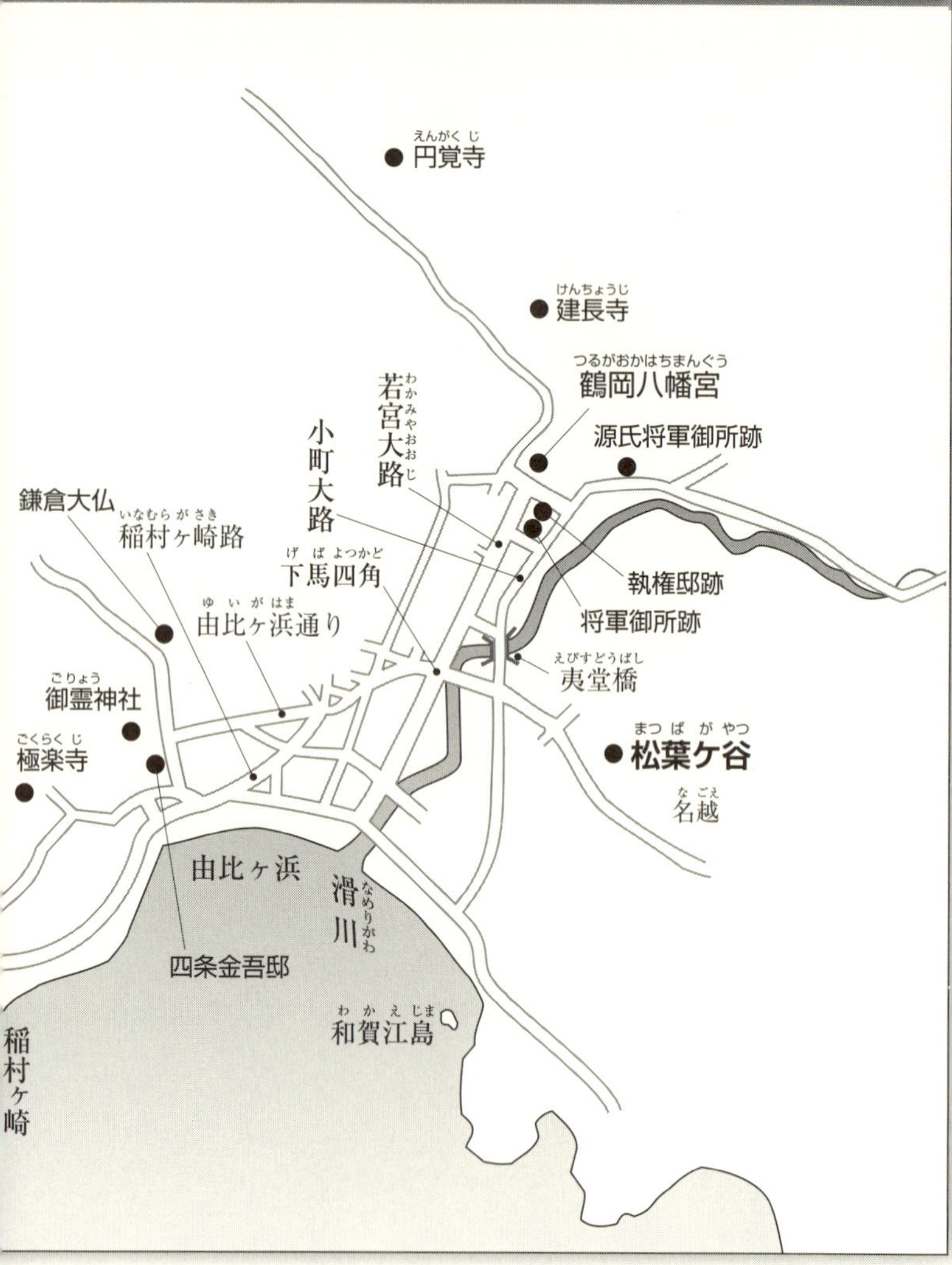

円覚寺《えんがくじ》
建長寺《けんちょうじ》
鶴岡八幡宮《つるがおかはちまんぐう》
源氏将軍御所跡
若宮大路《わかみやおおじ》
小町大路
鎌倉大仏
稲村ヶ崎路《いなむらがさき》
下馬四角《げばよつかど》
執権邸跡
将軍御所跡
由比ヶ浜通り《ゆいがはま》
夷堂橋《えびすどうばし》
御霊神社《ごりょう》
松葉ケ谷《まつばがやつ》
極楽寺《ごくらくじ》
名越《なごえ》
由比ヶ浜
滑川《なめりがわ》
四条金吾邸
和賀江島《わかえじま》
稲村ヶ崎

## 鎌倉と竜の口

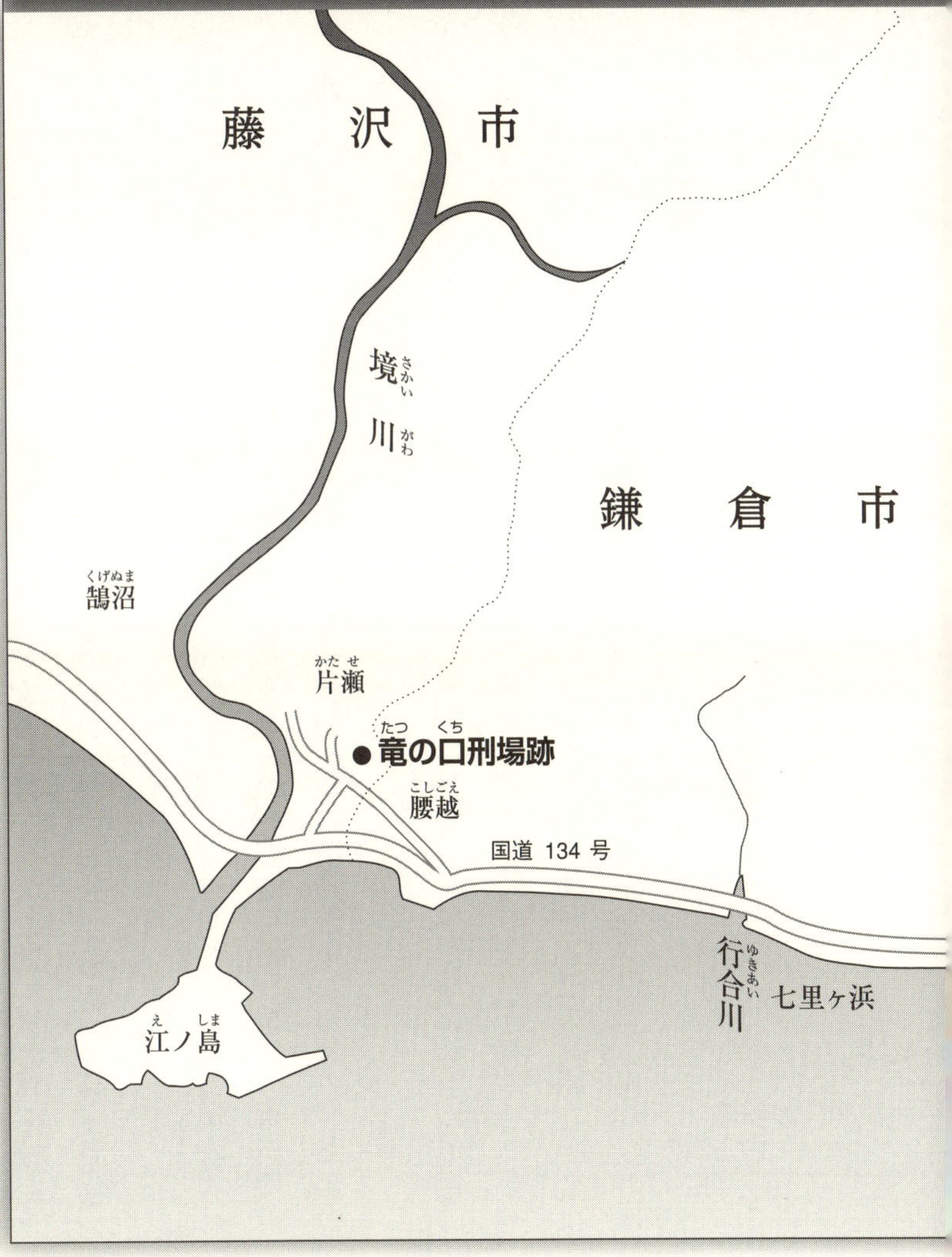
藤沢市
境《さかい》
川《がわ》
鎌倉市
鵠沼《くげぬま》
片瀬《かたせ》
竜《たつ》の口《くち》刑場跡
腰越《こしごえ》
国道 134 号
行合《ゆきあい》川
七里ヶ浜
江《え》ノ島《しま》

権力者たちも自らの信仰を批判する日蓮を厳罰《げんばつ》の対象ととらえ、中には一気に日蓮教団を壊滅《かいめつ》させようという考えをもつ者もいました。まさに日蓮は、鎌倉宗教界・政界の権威・権力を相手とする四面楚歌《しめんそか》・孤立無援《こりつむえん》のただなかに立たされたのです。

そういう意味で、竜の口の法難には、世俗《せぞく》の次元での批判に走る卑劣《ひれつ》な仏教者の存在、宗教界がその権威を楯《たて》にこぞって結託《けったく》したこと、根も葉もない非難中傷と喧伝《けんでん》、権力機構への讒言《ざんげん》、理不尽《りふじん》な刑の執行など、大がかりな「宗教弾圧」の構造がそなわっていたといえるでしょう。

九月十二日、住居を数百人もの武士に襲撃され逮捕された日蓮は、深夜になって竜の口の刑場に連れ出され、斬首《ざんしゅ》刑に処《しょ》せられようとしました。その時、流星が夜空を輝かせ、刑を執行する武士たちはおそれおののき大地にひれ伏したといいます。この異様な天変は、今日でも謎《なぞ》で説明がつかない不思議な現象ですが、ともかく日蓮が斬首刑を免《まぬか》れたのは事実です。幕府は死刑をあきらめ、しばらくたってから佐渡島《さどがしま》に流罪する決定を下すことになります。権威・権力が総力で日蓮教団弾圧のための策謀《さくぼう》を巡《めぐ》らせ、日蓮を抹殺《まっさつ》する暴挙《ぼうきょ》に出ても、日蓮とその仏法を破ることはついにできなかったのです。

# 佐渡流罪

表向きは佐渡流罪ながら実際は何の取り調べもなく、深夜闇《やみ》に隠《かく》れて死罪にしようとした幕府の画策《かくさく》は失敗に終わり、佐渡流罪の方針に沿って、日蓮の身柄は相模《さがみ》の依智《えち》（現在の神奈川県厚木市）の本間六郎左衛門邸《ほんまろくろうざえもんてい》に留《とど》め置かれました。本間六郎左衛門は当時・武蔵守《むさしのかみ》（国司の最上位、一二六頁参照）と佐渡の守護職（軍事警察の最上位）を兼任する北条宣《のぶ》時《とき》の家臣《かしん》で、おそらく佐渡の守護代だったのでしょう。

日蓮はその館《やかた》に抑留《よくりゅう》され、沙汰《さた》（判決）を待つことになりました。九月十三日の正午ごろに本間邸に入り、午後八時になって上《かみ》の御使いとして書状が到着しました。「其《そ》の日の戌《いぬ》の時計りにかまくら《鎌倉》より上《かみ》の御使とてたてぶみ《立文》をもちて来《き》ぬ、頸《くび》切れという・かさね《重》たる御使かと・もののふどもは」（「種種御振舞御書」『御書』九一四頁）と思ったところ、そう

ではなく、「此《こ》の人はとが《失》なき人なり今しばらくありてゆる《赦》させ給うべし・あやまち《過》して
は後悔あるべし」（同九一五頁）という内容でした。

「此の人はとがなき人なり」とあるように、この時点で執権・北条時宗《ときむね》の意志は日蓮を無罪にしようとしていた節《ふし》があります。しかし、反日蓮シフトを敷《し》いてあらゆる画策《かくさく》をめぐらし死刑執行までこぎつけた良観や道隆など鎌倉仏教界の有力僧たちは、おさまるはずがありません。たとえ死罪がだめでも流罪にして鎌倉から日蓮を追い出し、日蓮教団を壊滅させようと策謀《さくぼう》をめぐらせたのです。そのために日蓮教団を犯罪集団のように吹聴《ふいちょう》し、流言蜚語《りゅうげんひご》をたれ流して致命的なイメージダウンを謀《はか》ったのです。「依智《えち》にして二十余日・其《そ》の間鎌倉に或《あるい》は火をつくる事・七八度・或は人をころす事ひまなし、讒言《ざんげん》の者共の云《いわ》く日蓮が弟子共の火をつくるなりと、さもあるらんとて日蓮が弟子等を鎌倉に置くべからずとて二百六十余人しる《記》さる」（同九一五〜九一六頁）という表現が、この時の事情をよく伝えてくれています。

結局、鎌倉仏教界の有力僧たちの日蓮教団つぶしの策謀が功を奏《そう》し、幕府は日蓮を佐渡へ流罪する決定を下しました。日蓮が依智を発《た》ったのは十月十日でした。「今月〔十月

なり」十日相州《そうしゅう》愛京《あいこう》郡依智《えち》の郷《ごう》を起つて武蔵《むさし》の国久目河《くめがわ》の宿に付き十二日を経《へ》て越後《えちご》の国寺泊《てらどまり》の津《つ》に付きぬ」(「寺泊御書」同九五一頁)といわれるように、現在の東京都東村山市久米川《くめがわ》で一泊したあと、新潟の寺泊に着いてそこから佐渡に渡っています。佐渡島に着いたのは二十八日(「種種御振舞御書」同九一六頁)ですから、十八日間をかけての流罪の道のりでした。

日蓮が佐渡に入ったのは新暦の十二月十一日で、まさに極寒の冬を迎えていました。佐渡は遠流《おんる》の地としては劣悪な環境であり、承久《じょうきゅう》の乱で佐渡に流罪された順徳《じゅんとく》上皇でさえ、熱望した京都帰還《きかん》が叶《かな》わず流人《るにん》の生涯を終えた地でもあります。「佐渡の国につかはされしかば彼の国へ趣《おもむ》く者は死は多く生は稀《まれ》なり」(「法蓮抄」同一〇五二頁)といわれるように、佐渡流罪は門下にとっても師と再び会える日は来ないだろうと覚悟せざるを得ない大難だったのです。

それにもかかわらず、二年四か月後、日蓮は赦免《しゃめん》となって再び鎌倉に戻ってきました。鎌倉時代に二度も流罪され、二度とも赦免されるという歴史上の人物は、日蓮だけでした。

# 日蓮の生涯の確実な事績

日蓮は承久《じょうきゅう》四年（一二二二年）に生まれ、数えで十二歳の時に清澄寺《せいちょうじ》に入山します。そして青年期に鎌倉、京都、奈良等で修学し、その成果として建長《けんちょう》五年（一二五三年）四月二十八日、三十二歳の時、清澄寺で末法《まっぽう》（釈尊の仏法の功力が消滅し、なくなってしまう時代）の法華経《ほけきょう》たる南無妙法蓮華経の宣言をしました（立宗宣言）。

その後、政都《せいと》・鎌倉に入り、正嘉《しょうか》元年（一二五七年）八月二十三日の大地震をはじめとする度重《たびかさ》なる天変地夭《てんぺんちよう》（天空と地上に起こる異変）を体験し、多くの民衆の命が奪われる惨状《さんじょう》を目《ま》の当たりにしたのを契機《けいき》に、諸経典を読破し災《わざわ》いの原因を追究していきました。そして、文応《ぶんおう》元年（一二六〇年）七月十六日に、時の最高権力者・北条時頼《ほうじょうときより》に「立正安国論《りっしょうあんこくろん》」を提出したのです。

「立正安国論」では法然《ほうねん》の念仏を強く責め、それがもとで弘長《こうちょう》元年（一二六一年）五月十二日に伊豆へ流罪《るざい》となり、同三年（一二六三年）二月二十二日、赦免《しゃめん》され再び鎌倉へ入りました。

文永《ぶんえい》元年（一二六四年）母の重病の報を聞き、ふるさと安房《あわ》へ戻ると、念仏の強信者・東《とう》条景信《じょうかげのぶ》に襲《おそ》われ重傷を負ったのです（小松原の法難・同十一月十一日）。

その後、傷《きず》も癒《い》え鎌倉の地で弘教を続け、日蓮教団は発展していきました。文永八年（一二七一年）六月、真言律宗《しんごんりっしゅう》の良観《りょうかん》（一二一七〜一三〇三年）の雨乞《あまご》いの祈禱《きとう》が行われ、日蓮はこれと対決し、雨が降らず日蓮に敗れた良観は権力者と結託《けったく》し、日蓮教団の壊滅《かいめつ》を策《さく》謀《ぼう》、ついに同年九月十二日、竜《たつ》の口《くち》の法難が起こったのです。結局、鎌倉の有力僧たちが結託して幕府を動かし、日蓮を亡《な》き者にしようと死刑場まで引き出しても、日蓮の命を奪うことはできませんでした。

その後、流罪が決まり、同年十月十日抑留《よくりゅう》先の相模《さがみ》の依智《えち》（現在の神奈川県厚木市）を発《た》ち、十月二十八日、日蓮は佐渡《さど》に到着しました。それから二年四か月極寒《ごっかん》の地・佐渡で流《る》人《にん》として過ごし、その間、「開目抄《かいもくしょう》」や「観心本尊抄《かんじんのほんぞんしょう》」などの重書《じゅうしょ》を著《あらわ》しています。この流罪も文永《ぶんえい》十一年（一二七四年）二月十四日に赦免《しゃめん》となり、同三月十三日に佐渡を発ち、二十六日に鎌倉へ帰還しました。

そして四月八日、軍事・刑事裁判などを管轄《かんかつ》する侍所《さむらいどころ》の所司《しょし》（次官のこと。長官である別当《べっとう》は北条時宗《ときむね》）平頼綱《たいらのよりつな》と対面し、三度目の権力者への諫言《かんげん》（いさめ）をしましたが、幕府の姿勢が変わっていないことを見極《みきわ》めて、五月十二日鎌倉を発ち、直弟子《じきでし》・日興《にっこう》らとともに身延《みのぶ》（現在の山梨県南巨摩《こま》郡身延町）へ入りました。晩年は身延で八年余り過ごし、弘安《こうあん》五年（一二八二年）九月に身延を発ち、同十八日、池上《いけがみ》の地（現在の東京都大田区）に着き、十月十三日、数え年六十一歳で入滅しました。

以上が、確実な「日蓮の生涯」ということになります。

ここで触《ふ》れなかった生誕の日付、清澄寺に入山した日付、出家の年と日付、松葉ケ谷《まつばがやつ》の法難の年月日、身延入山の日付、身延出発の日付の六つは、後で述べるように諸説があります。

日蓮の生涯については、日蓮自身が語る確実な年月日と、直弟子《じき》や孫弟子《まご》たちが残し

## 日蓮の「生涯年表」

| 事　　跡 | 西暦　元号　　年 | 月　日 |
|---|---|---|
| 生　　　誕 | **1222（承久　四）年** | 2月16日 |
| 清　澄　入　山 | **1233（天福　元）年** | 5月12日 |
| 出　　　家 | 1237（嘉禎　三）年 | 10月　8日 |
| 立　宗　宣　言 | **1253（建長　五）年** | **4月28日** |
| 『立正安国論』提出 | **1260（文応　元）年** | **7月16日** |
| 松葉ケ谷の法難 | 1260（文応　元）年 | 8月27日 |
| 伊　豆　流　罪 | **1261（弘長　元）年** | **5月12日** |
| 伊豆流罪赦免 | **1263（弘長　三）年** | **2月22日** |
| 小松原の法難 | **1264（文永　元）年** | **11月11日** |
| 竜の口の法難 | **1271（文永　八）年** | **9月12日** |
| 依　　智　　発 | **1271（文永　八）年** | **10月10日** |
| 佐　　渡　　着 | **1271（文永　八）年** | **10月28日** |
| 佐渡流罪赦免 | **1274（文永十一）年** | **2月14日** |
| 鎌　　倉　　着 | **1274（文永十一）年** | **3月26日** |
| 平頼綱と対面 | **1274（文永十一）年** | **4月　8日** |
| 鎌　　倉　　発 | **1274（文永十一）年** | **5月12日** |
| 身　　延　　着 | **1274（文永十一）年** | 5月17日 |
| 身　　延　　発 | **1282（弘安　五）年** | 9月　8日 |
| 池　　上　　着 | **1282（弘安　五）年** | **9月18日** |
| 六老僧選定 | **1282（弘安　五）年** | **10月　8日** |
| 入　　　滅 | **1282（弘安　五）年** | **10月13日** |

（年月日の太字は定説、細字は通説を示す）

た「日蓮伝」、さらにその後に書かれた多くの「日蓮伝説」に見られる不確かな年月日の情報まで、いろいろ入りまじって今に伝えられています。したがって、私たちの知る日蓮の生涯には、確実な事績と後世に形成された伝承と過度の潤色《じゅんしょく》が渾然一体《こんぜんいったい》になっているという実態があります。

飾り立てられた伝説は別として、見極めなくてはならないのは広く世間に通用してきた通説と、広く検証され正しいと認められた定説の違いです。

通説は、あくまでも古来《こらい》ずっと言われてきた説であり、有力であっても確実ということではありません。新史料の発見によって、通説は覆《くつがえ》されることが往々《おうおう》にしてあります。定説は、まちがいなくそう言えるという確実な説であり、覆されることはありません。

そこで、ここでは日蓮の生涯におけるさまざまな事績を、定説と通説に区分する作業をしておきます。私たちが学んできた知識のうち、何が確実で、何が不確かなのかを確認するために、「日蓮の『生涯年表』」（四七頁）を作成してみました。

表中、太字体になっている事績は年月日が確実なもので、細字体になっているのは御書では語られていない事績です。ただし、「池上着」以下最後の三つの事績は直弟子の日興《にっこう》の「御遷化記録《ごせんげきろく》」（一二八二年十月筆）の記述によったもので、史料的価値は御書と同等とみなし太字体にしてあります。

そうすると「生涯年表」のなかで確実とはいえない事績は、先に挙《あ》げた六か所に及びます。これらの日付の初見の文献を挙げ、若干《じゃっかん》説明しておきます。

【生誕の日付】　二月十六日「三師御伝土代《さんしごでんどだい》」（大石寺の第四世の日道の著作。一三三三年ごろ成立）

日蓮の誕生の年が一二二二年であることは確実ですが、誕生日は明確ではありません。しかし、二月十六日説は日興の存命中に言われていたので有力な日付といえます。ただし、一二二二年は四月十三日から貞応《じょうおう》元年になるので、承久《じょうきゅう》四年生まれとすべきです。貞応元年説は初期の日蓮伝で言われだすのですが、そこには共通して「後堀河院《ごほりかわいん》の御宇《ぎょう》貞応元年」とあり、後堀河天皇の時代の元号は承久ではなく貞応となります。承久はその前の天皇である仲恭《ちゅうきょう》天皇の時代なので、「後堀河院の御宇」といえば貞応と続くのが自然です。つまり貞応は天皇とセットになって表記されたものですから、私たちはこれにこだわる必要はありません。その意味からも承久四年生まれとするのがよいと思います。

【清澄《きよすみ》入山の日付】　五月十二日　「法華本門宗要抄《しゅうよう》」（偽書《ぎしょ》〈にせの書物〉。一三五〇年ごろ成立）

五月十二日というのは根拠があいまいです。なお、入山の年を天福《てんぷく》元年（一二三三年）とするのは「本尊問答抄」の「生年十二同じき郷の内・清澄寺《きよずみでら》と申す山にまかり登り住しき」（『御書』三七〇頁）によっています。これは日興の写本が現存しているので確実と考えてよいでしょう。

【出家の年】　一二三九年説　「日蓮聖人御弘通次第《ごぐつうしだい》」（身延第三世の日進の著作。一三三五年成立）

一二三七年説　「日蓮聖人年譜」（大石寺十七世の日精の著作。一六七六年ごろ成立）

初期の日蓮伝では一二三九年・十八歳説が主流でしたが、日蓮が十七歳の時、是聖房《ぜしょうぼう》の僧名で天台宗系の典籍《てんせき》を書写しているので、出家は十七歳以前であることが確実です。そこで「十二・十六の年より三十二に至《いた》るまで二十余年が間、鎌倉・京・叡山《えいざん》・園城《おんじょう》寺《じ》・高野《こうや》・天王寺《てんのうじ》等の国国・寺寺あらあら習い回り」（「妙法比丘尼《びくに》御返事」同一四〇七頁）の一節をもとに一二三七年・十六歳出家説が有力になっています。

【出家の日付】　十月八日　「法華本門宗要抄」（偽書。一三五〇年ごろ成立）

「法華本門宗要抄」では、一二三九年十月八日としていますが、そもそも一二三九年そのものが否定されていますから、十月八日は信用できません。

【松葉ケ谷《まつばがやつ》の法難の年月日】　一二六〇年八月二十七日　『法華霊場記《ほっけれいじょうき》』「冠部」（豊臣義俊著一六八二年成立）

松葉ケ谷の法難については二四頁で詳しく述べたように、年月日とも確実とはいえません。

【身延《みのぶ》入山の日付】　五月十六日と五月十七日の二説があります。

鎌倉を出て身延に入ったのは文永十一年五月十七日であるという説は「富木《とき》殿御書」（真蹟《しんせき》現存）の「十二日さかわ《酒輪》、十三日たけのした《竹ノ下》、十四日くるまがへし《車返》、十五日をみや《大宮》、十六日なんぶ《南部》、十七日このところ」（同九六四頁、傍線筆者）によっています。・・・・・このところとは身延を指しています。一方、日興の「御遷化記録《ごせんげきろく》」では「五月十六日甲《か》斐《い》の国波木井《はきり》の身延山に隠居《いんきょ》」とあり、一日早い日付になっています。傍線を引いた箇所の「このところ」という指示語は、前の「南部」のことを指していると考えるのが妥当です。真蹟が曾《かつ》てあったことが確実な「光日房《こうにちぼう》御書」の一節に「甲州南部波木井の郷山中」（同九三一頁）と表記されており、南部波木井郷の中に身延山があるので、十六日には身延に到着していたと考えることも可能で、身延への道に同行したであろう日興自らが記した「五月十六日」説も無視できません。

【身延出山の日付】　九月八日　「日蓮聖人御弘通次第」（前出）

晩年の八年間を過ごした身延を出た日については、御書には書かれていませんが、「日蓮聖人御弘通次第」は比較的質のいい初期の日蓮伝なので、九月八日説はもしかしたら本当かもしれません。

これらの初見文献の大半は、日蓮の孫弟子がまだ生存しているころの初期の日蓮伝です。例外なのは松葉ケ谷の法難を八月二十七日と記す『法華霊場記』「冠部」で、これは日蓮滅後四百年にして刊行された日蓮伝です。松葉ケ谷の法難は初期の日蓮伝にもまったく言及されることのない法難だったのです。

次頁の表は、日蓮自ら年月日を書いている御書の一覧です。より確かな事績は、文献学的にいえば真蹟《しんせき》が現存する御書、あるいは曾《かつ》て真蹟が現存していたことが確実な第一次資

## 事績の年月日が書かれている御書の一覧

| 事　　績 | 〈年月日が書かれている御書。（　）は『御書』の頁〉 |
|---|---|
| 生　　誕 | なし |
| 清澄入山 | ＊本尊問答抄（370・ただし年のみ月日はなし） |
| 出　　家 | なし |
| **立宗宣言** | ◎聖人御難事（1189）・◎諫暁八幡抄（585） |
| **『立正安国論』提出** | ◎撰時抄（287） |
| 松葉ケ谷の法難 | なし |
| **伊豆流罪** | ○報恩抄（322）・◎聖人御難事（1189） |
| **伊豆流罪赦免** | ○報恩抄（322） |
| **小松原の法難** | ＊南条兵衛七郎殿御書（1498）・◎聖人御難事（1189） |
| **竜の口の法難** | ○報恩抄（322）・◎撰時抄（287）・◎聖人御難事（1189）・○光日房御書（926）・○開目抄（223）・◎真言諸宗違目（141）・○法蓮抄（1053）・＊「頼基陳状」（1156） |
| **依智発** | ○種種御振舞御書（916） |
| **佐渡着** | ○種種御振舞御書（916） |
| **佐渡流罪赦免** | ○報恩抄（323）・○種種御振舞御書（920）・○光日房御書（928） |
| **鎌倉着** | ○報恩抄（323）・○種種御振舞御書（921）・＊高橋入道殿御返事（1460）・○光日房御書（928） |
| **平頼綱と対面** | ○報恩抄（323）・◎撰時抄（287）・○種種御振舞御書（921）・＊高橋入道殿御返事（1460）・○光日房御書（928）・○法蓮抄（1053） |
| **鎌倉発** | ○報恩抄（323）・○種種御振舞御書（923）・○光日房御書（928） |
| 身延着 | ◎富木殿御書（964） |
| 身延発 | なし |
| **池上着** | 日興「御遷化記録」 |
| **六老僧選定** | 日興「御遷化記録」 |
| **入滅** | 日興「御遷化記録」 |

◎は真蹟現存・○は曾存（曾て存った）・＊は日興写本現存を示す。
事績の太字は年月日が確認できるものを示す。

料にしぼって押さえるのが常道です。これに準じるものとして直弟子の日興の写本があります。これも内容的には十分信頼に足るもので、第一次資料としての価値があります。

この表からも、日蓮は自らの体験を文字に残してくれているため、その生涯をほぼたどることができます。ただ、触《ふ》れていない期間も少なくありません。特に三十二歳の立宗宣言以前の事績については、御書もほとんど残っていないので詳しく語ることはできません。

一方、三十九歳の「立正安国論」提出から五十三歳の佐渡流罪赦免《るざいしゃめん》、平頼綱《たいらのよりつな》との対面までの十四年間の生涯は、人生最大の激動期であり、リアルタイムで記され、身延に入っても何度も述懐《じゅっかい》することが多く、克明《こくめい》に知ることができるのです。

# Ⅱ 御書とそのことば

# 五大部・十大部

日蓮の著述の中で特に重要な著述は、古来「三大部」「五大部」「十大部」といって尊重されてきました。諸説はありますが、以下のように整理されます。

このうち、「三大部」という表現は、中国天台宗の開祖である天台大師の「三大部」すなわち『法華文句《ほっけもんぐ》』『法華玄義《ほっけげんぎ》』『摩訶止観《まかしかん》』で有名です。日蓮の場合、「立正安国論《りっしょうあんこくろん》」「開目抄《かいもくしょう》」「観心本尊抄《かんじんのほんぞんしょう》」が重書中の重書《じゅうしょ》として「三大部」に位置づけられています。「五大部」は身延《みのぶ》で書かれた重書である「撰時抄《せんじしょう》」と「報恩抄《ほうおんしょう》」に「三大部」を加えたものです。

五大部の簡単な紹介をしておきます。

## 日蓮の重要な著述（御書）一覧

| 御書 | 『御書』頁 | 「三大部」 | 「五大部」 | 「十大部」 | 述作年月日 |
|---|---|---|---|---|---|
| 立正安国論 | 17 | ○ | ○ | ○ | 文応 元 年（1260）7月16日 |
| 開目抄 | 186 | ○ | ○ | ○ | 文永 9 年（1272）2月 |
| 観心本尊抄 | 238 | ○ | ○ | ○ | 文永 10 年（1273）4月25日 |
| 撰時抄 | 256 | | ○ | ○ | 建治 元 年（1275） |
| 報恩抄 | 293 | | ○ | ○ | 建治 2 年（1276）7月21日 |
| 法華取要抄 | 331 | | | ○ | 文永 11 年（1274）5月 |
| 四信五品抄 | 338 | | | ○ | 建治 3 年（1277）4月10日 |
| 下山御消息 | 343 | | | ○ | 建治 3 年（1277）6月 |
| 本尊問答抄 | 365 | | | ○ | 弘安 元 年（1278）9月 |
| 唱法華題目抄 | 1 | | | ○ | 文応 元 年（1260）5月28日 |

**「立正安国論」**

文応《ぶんおう》元年（一二六〇年）七月十六日に、当時の最高権力者（北条氏の得宗家《とくそう》〈当主〉）であった北条時頼《ときより》に提出した国主諫暁《かんぎょう》の書です。

真蹟《しんせき》は千葉県市川市中山《なかやま》にある中山法華経寺（富木常忍《ときじょうにん》が日蓮に寄進《きしん》した法華堂と大田乗明《おおたじょうみょう》が創設した中山本妙寺を合併してできた寺。開基《かいき》は富木常忍）に現存していますが、これは文永六年のものです。全部で三十六紙あり、うち第二十四紙が欠けています。文応元年に提出した「立正安国論」の控《ひか》えが身延にかつてあったことが知られていますが、明治八年の大火で焼失しました。

題号は日蓮自らの命名によるもので、「正を立てて国を安《やす》んずる」と読むことができます。内容は民衆を惑《まど》わす法然《ほうねん》の念仏を破折《はしゃく》し、「一凶《いっきょう》を断ぜよ」と為政者《いせいしゃ》に迫り、その方法として「施《せ》を止めよ」と述べています。武力政権に対して暴力的弾圧を求めるのではなく、経済的支援や寄進《きしん》の打ち止めを求めるものでした。本文の構成は、主人（日蓮）と客（北条時頼）との問答形式で、十問九答からなっています。第十問は客（北条時頼）の問いというより決意を表明しているので、第十答はありません。また「他国侵逼難《たこくしんぴつなん》（他国が攻め入ってくる難）」「自界叛逆難《じかいほんぎゃくなん》（内乱・同士討ちなどの難）」の予見をし、幕府首脳に警鐘《けいしょう》を鳴らしました。これは両方とも戦《いくさ》（戦争）を意味しており、日蓮の反戦の思いが表出しています。

**「開目抄《かいもくしょう》」**

文永九年（一二七二年）二月、佐渡流罪中に塚原《つかはら》で述作《じゅっさく》、門下一同に与えられた書です。真筆は、かつて身延にありましたが焼失しました。おそらく真蹟《しんせき》は百枚を超える大作だったと考えられます。「去年《こぞ》の十一月より勘《かん》がえたる開目抄と申す文二巻造りたり」（「種種御振舞御書」『御書』九一九頁）と言われているので、佐渡に着いてからすぐに執筆を開始し、四か月かけて書かれた重書です。「観心本尊抄」が法本尊開顕《かいけん》（ひらきあらわす）の書であるのに対して、「開目抄」は人本尊開顕の書と位置づけられています。思想・宗教の教えを判別する基準を五段階にわたって示した「五重《ごじゅう》の相対」（内外《ないげ》相対・大小相対・権実《ごんじつ》相対・本迹《ほんじゃく》相対・種脱《しゅだつ》相対）を明かしています。また、有名な御文として、「我並びに我が弟子・諸難ありとも疑う心なくば自然《じねん》に仏界にいたるべし、天の加護なき事を疑はざれ現世の安穏《あんのん》ならざる事をなげかざれ、我が弟子に朝夕《ちょうせき》教えしかども・疑いを・をこして皆すてけんつたな《拙》き者のならひは約束せし事を・まことの時はわするるなるべし」（同二三四頁）との一節があります。何度も繰り返し、深く心に刻《きざ》んでいきたい御文です。

**「観心本尊抄《かんじんのほんぞんしょう》」**

日蓮は竜《たつ》の口《くち》の法難を免《まぬか》れたあと、末法の正師《しょうし》として末法の一切衆生救済の正法である南無妙法蓮華経を御本尊として書き顕《あら》しました。そして、信仰を貫《つらぬ》く門下へ御本尊授与を開始したのです。その御本尊の意義について述べられたのが「観心本尊抄」です。

文永十年（一二七三）四月二十五日、佐渡流罪中に一《いち》の谷《さわ》で書かれ、富木常忍《ときじょうにん》に宛《あ》てて送られています。全十七紙ですが、雁皮紙《がんぴし》と楮《こうぞ》紙の二種類の紙で、裏にも書かれており、実際は全三十四頁にわたっています。

正式な題号は「如来滅後五五百歳《にょらいめつごごのごひゃくさい》に始《はじ》む観心《かんじん》の本尊抄《ほんぞんしょう》」と読みます。題号の通り御本尊について明かされた重書であり、法本尊開顕の書として位置づけられます。真蹟《しんせき》は中山法華経寺に現存します。

重要教義としては「一念三千《いちねんさんぜん》と十界互具《じっかいごぐ》」「十界論《じっかいろん》」「五重三段《ごじゅうさんだん》」（法華経寿量品《じゅりょうほん》の文底《もんてい》に末法の衆生救済の根源の一法である南無妙法蓮華経があることを明らかにするために用いられた規範《きはん》。一代一経三段、法華一経十巻三段、迹門熟益《じゅくやく》三段、本門脱益《だっちゃく》三段、文底下種《げしゅ》三段をいう）などが述べられています。

**「撰時抄《せんじしょう》」**

身延入山の翌年に著《あらわ》したもので、全百十紙とされ、現存する紙数だけでも百八紙にもなる長文の重書です。そのほとんどが玉沢《たまざわ》妙法華寺（六老僧の一人、日昭の建立。鎌倉にあったが、現在は静岡県三島市）に現存していますが、これは草稿《そうこう》（下書き）とされ、かつては身延にも再治《さいじ》（草稿を校正した）本がありましたが、明治八年に焼失しました。

対告衆《たいごうしゅう》（仏が説法するときの聴衆の代表者）は、直弟子・日興の「富士一跡門徒存知《いっせきもんとぞんじ》の事」に「駿河《するが》国西山由井《ゆい》某に賜《たまわ》る」（同一六〇五頁）とあり、駿河国・西山の由井氏に与えられた書とされています。

内容は、末法の時になると上行《じょうぎょう》菩薩《ぼさつ》（釈尊から末法に法華経を弘めるべく使命を託された菩薩。法華経に説かれる）が出現して一切衆生救済の法である南無妙法蓮華経が説かれ、弘まっていくことが述べられています。上行菩薩とは閻浮《えんぶ》（世界）第一の法華経の行者（修行者）たる日蓮に他なりません。そして、真言宗と天台宗の密教の教義を破し、特に天台宗を密教化した元凶《げんきょう》として比叡山延暦寺第三世の慈覚《じかく》を強く弾呵《だんか》（責める）しています。

### 「**報恩抄**《ほうおんしょう》」

末文に建治二年（一二七六年）七月二十一日の日付が書いてあります。

真蹟はかつて身延にありましたが焼失し、わずかの断簡《だんかん》が散在して現存しています。

述作《じゅっさく》の由来は、同年六月に日蓮の清澄寺《せいちょうじ》時代の師であった道善房《どうぜんぼう》死去の知らせを聞き、師への報恩と追善のために書いたもので、直弟子・日向《にこう》に託し、清澄寺の浄顕房《じょうけんぼう》・義《ぎ》浄房《じょうぼう》に送られています。

内容は、天台宗を密教化させた慈覚《じかく》と智証《ちしょう》（延暦寺第五世）に対して、師の伝教大師の教えに違背《いはい》した不知恩《ふちおん》（恩知らず）の弟子であると厳《きび》しく批判しています。そして日蓮は師である道善房の恩に報いる道は、三大秘法《さんだいひほう》（本門の本尊・戒壇《かいだん》・題目）の流布にあることを明かしています。

「十大部」は直弟子・日興の選定によるもので、「富士一跡門徒存知《ふじいっせきもんとぞんち》の事」（同一六〇四～一六〇五頁）に挙《あ》げられています。このうち「下山御消息」は形式としては題号の通り消息（手紙）ですが、日蓮の教義が展開されており、著述に匹敵《ひってき》する内容になっています。

十大部のうち五大部以外の五抄について、簡単な解説を記しておきます。

**「法華取要抄《ほっけしゅようしょう》」**

佐渡流罪中に二回下書きされ、赦免《しゃめん》後に完成し富木常忍《ときじょうにん》に与えられました。三大秘法について「本門の三つの法門」（同三三八頁）と記しています。真蹟《しんせき》は全二十四紙が現存しています。

**「四信五品抄《ししんごほんしょう》」**

富木常忍の質問（「不審状」として現存）に対する返答書で、真蹟全十三紙が現存しています。

**「下山御消息《しもやまごしょうそく》」**

直弟子・日永《にちえい》が地頭の下山氏に提出した陳状《ちんじょう》（弁明状）で、日蓮が日永に代わって書いています。真蹟はすべて断簡《だんかん》として現存し、その数は四十片《へん》（枚）を超えています。

**「本尊問答抄」**

清澄寺の浄顕房に宛てた書で問答形式で書かれています。その冒頭の問答は「問うて云《いわ》く末代悪世《あくせ》の凡夫は何物を以《もっ》て本尊と定むべきや、答えて云く法華経の題目を以て本尊とすべし」（同三六五頁）とあり、南無妙法蓮華経を本尊とすることが明かされています。

「**唱法華題目抄**《しょうほっけだいもくしょう》」

「立正安国論」提出の二か月前に著した重書。「立正安国論」では積極的に明示していない「立正」の内容に匹敵する題目の意義、題目の功徳、題目本尊論に言及しています。

なお、『日蓮大聖人御書全集』（創価学会版）の分冊本では上巻に著述を中心とした九十六編、下巻に消息を中心とした三百三十編が収められていますが、特に上巻の九十六編のあらすじを知りたい方は『日蓮大聖人の「御書」を読む（上）』（第三文明社刊・一九九六年）をご覧ください。

# 真蹟（真筆）の文字

次頁の表は日蓮の真蹟《しんせき》上に見られるひらがなの一覧を示したものです。何文字か例外的に書かれるひらがなもありますが、ここにある六十三字のひらがなで、日蓮の使用がなの九十九％以上を押さえることができます。

こうしてみると、私たちが書いているひらがなと同じなのは、「あいう　かきけこ　さしす　ちてと　にぬねの　ひふへほ　まみむめ　やゆよ　らるれろ　わを　ん」になります。

逆に言えば「えおくせそたつなはもり」が残りますが、このうち「お」は四か所、「は」は五か所だけ現れ、「く」は「へく」など続け字のとき現れることがありますが、例外的にしか出てきません。ということは、日蓮は「えせそたつなもり」と見えるひらがなは書

## 日蓮が用いたひらがな五十音表

（漢字はひらがなのもとになっている字源）

| 行 | ア音 | イ音 | ウ音 | エ音 | オ音 |
|---|---|---|---|---|---|
| ア | あ安 | い以 | う宇 | え江 | を遠 |
| カ | か加 | き幾 | く久<br>く具 | け計<br>け遣 | こ己<br>こ古 |
| サ | さ左 | し之<br>し志 | す寸<br>す寿 | せ世 | そ曾 |
| タ | た堂 | ち知 | つ川 | て天 | と止 |
| ナ | な奈<br>な那 | に尓<br>に仁 | ぬ奴 | ね祢 | の乃<br>の乃 |
| ハ | は八<br>は者 | ひ比 | ふ不 | へ部 | ほ保<br>ほ本 |
| マ | ま末 | み美<br>み三 | む武 | め女<br>め免 | も毛<br>も毛 |
| ヤ | や也 |  | ゆ由 |  | よ与 |
| ラ | ら良<br>ら羅 | り里 | る留<br>る累 | れ礼 | ろ呂 |
| ワ | わ和 | ゐ爲 |  | ゑ恵 | を遠 |
|  | ん无 |  |  |  |  |

かなかったということになります。これは真偽判定《しんぎはんてい》の際の重要な判定基準ともなります。

この五十音表には、私たちが書くことのないひらがながずいぶんあります。こういうひらがなを変体仮名《へんたいがな》といいます。明治三十三年の小学校令で、ひらがなは一音一字と決められ、子供たちのひらがな教育が大きく変わり、それまで使われていた他の字形のひらがなが消えていきました。この教育現場から「消えたひらがな」が変体仮名です。

「莚三枚御書《むしろさんまいごしょ》」（御書本文は一五八七頁）の真蹟《しんせき》写真を見ると、日蓮が書いたひらがなの字形の特徴がわかってきます。

いくつか特徴を挙《あ》げてみましょう。「た」の字形は日蓮だけの独特の字形であること、「も」と「を」はくずしが似ていてまぎらわしいのですが、日蓮の字形は「も」は縦長で中央の上下線に特徴があり、「を」は横長で中央の線が横に走るという特徴があります。「な」と「る」は見分け方がむずかしいのですが、始筆が「つ」なら「な」、「二」なら「る」となります。

「給了」（たびおわんぬ）、「候《そうろう》」といった漢字も、かなりくずされると原型をとどめない記号のようになり、そこだけ抜き出されたらもう読めません。でも、文章の流れの中でみていけばけっこう読めるものです。「給了」は「莚三枚生和布《わかめ》一籠《こ》」の後に続いている文字なので想像がつきます。「候」は現代の文章でいえば「です」「ます」に当たるので、文と文の切れ目に入ってくる文字です。

真蹟《しんせき》では最初の一行は「莚三枚生和」の五文字しか書かれていません。縦三二・六センチの紙に五文字ですから、意識して大きな字を書いたことがうかがえます。最後の行は十文字になっていますから、最初の一行に込められた日蓮の門下のご供養に対する感謝の気持ちが十分に伝わってきます。現存する真蹟を見ると、ほとんどが手紙冒頭のご供養への御礼表現を大きな文字で書いているのです。

しかし、はたして門下は師の日蓮のお手紙が読めたのか心配になってきます。当時は武士でも識字率《しきじりつ》はそんなに高くないので、難読《なんどく》の部類に入る日蓮の文字はよほど読み書きに慣れている人でないと読めなかったと思います。お手紙を届ける役目を担《にな》った弟子が、与えられた門下の前で読んであげたのではないでしょうか。このことについては、二二七頁の「消息（手紙）の漢字使用率」のところで触《ふ》れていますので参考にしてください。

さらに真蹟の「莚三枚御書」を見て気がつくことは、濁点《だくてん》のつくひらがな（が、ざ、だのような）がないことです。ひらがなに濁点を付けるのは江戸時代になってからなので、日蓮の真蹟でも出てこないのです。もう一つ、句読点（。と、）もまったくありません。これは江戸時代の古文書にもなく、明治以降になってから付けるようになったのです。そのため、どこで文章を切ったらいいのか迷ってしまいます。

このように真蹟を解読する作業には、文字が読めないだけでなく、大きな壁が立ちはだかっており、内容までつかんで理解することは至難《しなん》のわざといわざるをえません。

でも、少なくとも文字の解読だけでもできるようになったらすばらしいことです。興味のある人は是非、日蓮文書の真蹟の解読に挑戦してみてください。

## 真筆が現存する御書

今に伝わる日蓮の直筆《じきひつ》の書は二千七百枚を超えています。七百三十年以上も経過しているにもかかわらず、多くの真筆《しんぴつ》が現存するのは、日本の歴史上の人物の中でも随一《ずいいち》です。『御書』には四百二十六編の御書が収めてありますが、この他に断簡《だんかん》が三百九十二片近くあります。これらは伝わらない御書の一部分と考えられるので、生涯に書いた御書の数はわかっているだけでも八百編は超えている計算になります。おそらく断簡さえ残らないものを含めれば千編以上書いたことは確実です。

次頁の表のように『御書』四百二十六編中、真蹟《しんせき》（真筆に同じ）が現存するものは四割を超えています。

**真蹟が現存する御書の数と『御書』の中での割合**

| | |
|---|---|
| 「真蹟が現存する御書」 | 175 編（41.1%） |
| 「真蹟が曾てあったことが確実な御書」 | 31 編（ 7.3%） |
| 「直・孫弟子の写本がある御書」 | 50 編（11.7%） |

七百年以上前の人の文書が百七十五編も現存し、曾存書《そうそんしょ》（真筆曾《かつ》て存在した書）と直弟子・孫弟子が残した写本まで含めると、文献学的にも信頼性の高い文書が六割を超えているというのは驚異としかいいようがありません。いかにのちの門下が日蓮の教えを大切に残し、学び伝えてきたかがわかります。

ただその中で、明治八年の身延《みのぶ》山の大火事で多くの真蹟が焼失してしまいました。表の「曾《かつ》てあったことが確実な御書」がそれであり、「開目抄《かいもくしょう》」「守護国家論《しゅごこっかろん》」「祈禱抄《きとうしょう》」「顕仏未《けんぶつみ》来記《らいき》」「種種御振舞御書《しゅじゅおふるまいごしょ》」「清澄寺大衆中《せいちょうじたいしゅうちゅう》」「報恩抄《ほうおんしょう》」などの重書が灰燼《かいじん》に帰してしまったのです。

なお、「立正安国論」は千葉の中山法華経寺に国宝として現存していますが、身延にも真蹟の「立正安国論」が曾てあり、これは焼失しています。

『御書』（『日蓮大聖人御書全集』創価学会版）は昭和二十七年

(一九五二年)に発刊されましたが、この『御書』発刊以前は霊良閣版の『日蓮聖人御遺文』（縮刷遺文ともいう）という御書が日蓮門下の中で一番よく読まれていました。これは一九〇四年に刊行され、一九二〇年に続集を追加し、近代における日蓮門下の標準御書として普及し、のちの御書編纂に多大な影響を与えています。創価学会では初代・牧口常三郎会長、第二代・戸田城聖会長が使用していた御書でもあります。

『日蓮大聖人御書全集』（堀日亨編）は、この霊艮閣版の『日蓮聖人御遺文』をもとにして、加筆・訂正した上で、戸田城聖第二代会長の発願のもと昭和二十七年四月二十八日、立宗宣言七百年を記念して発刊したものです。

したがって、昭和二十七年以後に新たに発見されたり、公開された真蹟は現在の『御書』には収められていません。

ここでは『御書』に未収録で真蹟が現存する三十八編の一覧を挙げておきます。

## 『御書』に収録されていない真蹟一覧

（題号の太字体は日蓮の命名、その他は仮題　述作年代は推定・月日は真蹟の表記による）

| 題　号 | 述作年代 | 月　日 | 対告衆 |
|---|---|---|---|
| 災難興起由来 | 正元２年 | | |
| 論談敵対御書 | 弘長期 | | |
| 宿屋入道への再御状 | 文永期 | | 宿屋入道 |
| 弁殿御消息 | 文永期 | ３月10日 | 日昭 |
| 夢想御書 | 文永期 | | |
| 未驚天聴御書 | 文永期 | | |
| 富木尼御前御返事 | 文永期 | | 富木尼 |
| 妙一尼御前御返事 | 文永期 | | 妙一尼 |
| 故最明寺入道見参御書 | 文永期 | | |
| 御衣布御書 | 文永期 | | |
| 富木殿御返事（白木御書） | 建長期 | | 富木常忍 |
| 女人某御返事 | 建治期 | | |
| 中興政所女房御返事 | 建治期 | 卯月12日 | 中興殿女房 |
| 筍御書 | 建治期 | ５月10日 | |
| 白米和布御書 | 建治期 | | |
| 仏眼御書 | 建治期 | | |
| 覚性御房御返事 | 建治期 | ５月　５日 | 覚性房 |
| 弘安改元事 | 弘安元年 | | |
| 兵衛志殿御返事 | 弘安元年 | | 兵衛志（池上弟） |
| 乗明上人御返事 | 弘安２年 | ７月27日 | 大田乗明 |
| 富木入道殿御返事 | 弘安３年 | 卯月10日 | 富木常忍 |
| 老病御書 | 弘安４年 | | |
| 十月分時料御書 | 弘安期 | | |
| 富城入道殿御返事 | 弘安期 | 卯月10日 | 富木常忍 |
| 越州嫡男並妻尼事 | 弘安期 | | |
| 大学殿の事 | 弘安期 | | 大学三郎 |
| 堀内殿御返事 | 弘安期 | 12月28日 | ほりの内殿 |
| 越後公御房御返事 | 弘安期 | 正月　８日 | 越後公 |
| 伯耆殿并諸人御中御書 | 弘安期 | ９月26日 | 伯耆殿並びに諸人 |
| 南条殿御返事 | 弘安期 | 卯月14日 | 南条時光 |
| 出雲尼御前御消息 | 弘安期 | 12月　１日 | 出雲尼御前 |
| 河合殿御返事 | 弘安期 | 卯月19日 | かわいどの |
| 桶杓御消息 | 弘安期 | 卯月　６日 | |
| 御所御返事 | 弘安期 | ７月27日 | 波木井実長 |
| **一代五時鶏図**（妙覚寺本） | 建治期 | | |
| **一代五時鶏図**（本満寺本） | 弘安期 | | |
| **一代五時鶏図**（本圀寺本） | 弘安期 | | |
| 立正安国論（広本） | 建治・弘安期 | | |

# 著述と消息（手紙）の違い

日蓮の書いた文書《もんじょ》は、その目的、形式によっていくつかに大別されます。文書の述作は日蓮にとって最も重要な情報伝達手段であり、書いた目的により、①著述、②図録、③要文集、④経（仏の説いた教法）・疏《しょ》（注釈書）・論（教理を論じたもの）の写本、⑤門下への手紙（消息）などがあります。目的別に整理すれば次のようになります。

①**著述**……………顕正《けんしょう》（正しい道理を顕すこと）を目的として、日蓮の仏法を理論的に述べた論文、または破邪《はじゃ》（誤った見解や、とらわれを打ち破ること）や他宗の教義の誤りを述べる論文。

②**図録**……………弟子に対する仏教の講義資料　例「一代五時図」。

③ **要文集**……………研鑽された経論などの一節を抜き書きして集めたもの。

④ **経・疏・論の写本**……借用したり、経蔵で見つけた仏教書を写したもの。

⑤ **門下への手紙（消息）**……門下に対して送られた手紙で普通、日蓮の花押《かおう》（サイン）が書かれる。ほとんどは仮名交じり文（本来、消息は仮名交じり文による手紙をいう）。一部漢文体もある（漢文の手紙は尺牘《せきとく》という）。

このうち特に『御書』に収録されているものは①②⑤であり、普通この三つを指して特に「御書」としています。なお③要文集には、『私集最要文注法華経《しじゅうさいようもんちゅうほけきょう》』という日蓮所持の法華経が現存しています。これは、日蓮が法華経の本文の空《あ》いたスペースに経・疏《しょ》（注釈）・論の一節を書き込んだもので、その数は二千箇所を優《ゆう》に超えています。おそらく佐渡から身延において日蓮が書きためて、著述や消息を書くときの参考として使ったと思われます。なお⑤の消息（手紙）の中には日蓮の教義が長文にわたって展開され、内容的には著《ちょ》述《じゅつ》に近いものもありますが、形式上から消息として分類しています。

## 自らが付けた題号

著述はいわゆる論文と同じですから、論文タイトルが付くのが普通ですが、日蓮自らタイトルすなわち題号を付けたものは意外と少ないのです。

次頁の表で示したように自題号《じだいごう》の著述で、わかっている範囲で十四書しかありません。このうちの◎を付した真蹟《しんせき》現存書では「報恩抄《ほうおんしょう》」を除いて、すべて真筆で題号が書かれています。「報恩抄」は断簡《だんかん》で計十三行分しか現存していないので題号部分の真筆はありませんが、直弟子の日興が「報恩抄」と明記し、身延《みのぶ》の日乾《にっけん》が真蹟の「報恩抄」を書写した日乾本にも題号が書かれており、自題号であることは明らかです。○の曾存書《そうそん》（真筆が曾て存在していた書）では「開目抄《かいもくしょう》」については「種種御振舞御書《しゅじゅおふるまいごしょ》」の中で「開目抄と申す文二巻造《つく》りたり」（『御書』九一九頁）といわれています。「守護国家論《しゅごこっかろん》」は本文中に「選択《せんちゃく》

## 日蓮が自ら題号を付けた御書一覧

| 『御書』頁 | 題号 | 対告衆の表記　年月日の表記 | |
|---|---|---|---|
| 17 | ◎立正安国論 | なし | なし |
| なし | ◎立正安国論（広本） | なし | なし |
| 36 | ○守護国家論 | なし | なし |
| 186 | ○開目抄 | なし | なし |
| 238 | ◎観心本尊抄 | なし | 文永10年卯月25日 |
| 256 | ◎撰時抄 | なし | なし |
| 293 | ◎報恩抄 | 浄顕房・義浄房の許に奉送す<br>建治2年7月21日 | |
| 331 | ◎法華取要抄 | なし | なし |
| 443 | ○顕謗法抄 | なし | なし |
| 505 | ○顕仏未来記 | なし | 文永10年後5月11日 |
| 612 | ◎一代五時図 | なし | なし（中山法華経寺蔵） |
| 618 | ◎一代五時図 | なし | なし（中山法華経寺蔵） |
| 623 | ◎一代五時鶏図 | なし | なし（西山本門寺蔵） |
| なし | ◎一代五時鶏図 | なし | なし（妙覚寺蔵） |
| なし | ◎一代五時鶏図 | なし | なし（本満寺蔵） |
| なし | ◎一代五時鶏図 | なし | なし（本圀寺本） |
| 1344 | ○祈禱抄 | なし | なし |
| 1499 | ◎薬王品得意抄 | なし | なし |
| なし | ◎三八教 | なし | 3月16日 |
| | 合計　14書19点 | | |

用語・記号説明　対告集－御書を与えられた門下のこと
◎は真蹟現存書　○は真蹟が曾て存在していた書

集《しゅう》謗法《ほうぼう》の縁起《えんぎ》を顕《あら》わし名づけて守護国家論と号《ごう》す」（同三七頁）といわれています。「顕謗《けんぼう》法抄《ぼうしょう》」「顕仏未来記《けんぶつみらいき》」「祈禱抄《きとうしょう》」はいずれも身延の真蹟《しんせき》写本である日乾本により自題号であることがわかります。

以上十四書が日蓮自らが付けた題号と考えてよいと思います。基本的に著述は、特定の対告衆《たいごうしゅう》（与えられた人）はいないのが普通です。この表でも対告衆の表記があるのは「報恩抄」だけですが、厳密に言えば「故道善房《どうぜんぼう》」に対して奉じたもので、浄顕房・義浄房は送り先にすぎません。

また、年月日についても「観心本尊抄」を除いて真蹟で確かめられる著述はありません。また、多くが漢文体で書かれるのも著述の特徴で、ひらがな交《ま》じりの文章は「報恩抄」だけです。

また、この表をみるとわかるように、同名の御書が二つ以上現存しているものがあります。「立正安国論」と「一代五時図」「一代五時鶏《けい》図」です。

これは同じ題号の御書を何回も書いたということであり、その理由を押さえておくことが大事でしょう。いうまでもなく「立正安国論」は三十九歳の時、幕府に提出しますが、日蓮が「立正安国論」を書いたのはこの時だけではありません。現存する国宝の「立正安国論」は文永六年のものであり、表にも挙《あ》げた「立正安国論」（広本）は建治・弘安期のもので内容的にも真言破折《はしゃく》が加わり、加筆しています。その他、「立正安国論」の断簡が十四枚、十箇所に散在《さんざい》しています。つまり日蓮はその生涯に何度も「立正安国論」を書いているのです。日蓮一代の化導《けどう》は立正安国論に始まって立正安国論に終わるといわれますが、日蓮はいつでも幕府に提出できるように、そして弟子たちに対しても「立正安国論」をしっかり学べるように心懸《こころが》けていたのです。

「一代五時（鶏）図」は、その名の通り、釈尊《しゃくそん》一代五十年の説法を五期に分類し、図式化しています。ですから、分類の上では図録になります。

この図の構成は釈尊一代の説法を、中国の天台大師が整理した華厳《けごん》時・阿含《あごん》時・方等《ほうどう》時・般若《はんにゃ》時・法華涅槃《ねはん》時という五時（期）に分類した五時教判《きょうはん》を骨格《こっかく》として示し、、それぞれ各時に相当する宗派とその依経《えきょう》（経典）・論書、さらに人師《にんし》を配列しています。

さらに、般若時と法華時の間の無量義経《むりょうぎきょう》のところでは法華第一の根拠となる要文、四十余年未顕真実《しじゅうよねんみけんしんじつ》、大直道《だいじきどう》を列記しています。

法華時のところでは、要当説真実《ようとうせつしんじつ》、正直捨方便《しょうじきしゃほうべん》、主師親《しゅししん》の依文《えもん》、已今当《いこんとう》の三説（已は爾《に》前《ぜん》経、今は無量義経、当は涅槃経を指し、法華経はそれらを超えて勝れた経典であるという説）等がどの図でもだいたい共通しています。

そのあと、涅槃経の依法不依人《えほうふえにん》などの四依《しえ》についての記述が見られます。

五時それぞれに各宗派・各経典・各論書、そして人師を配列するような図は、天台宗の諸師にも見られない日蓮独自の配立《はいりゅう》図です。伝教大師が「天台法華宗学生式《がくしょうしき》問答」などで五時と経論の配立を試みていますが、人師の配列まではしていません。

「一代五時（鶏）図」の大半は、権実相対《ごんじつそうたい》（実大乗経である法華経とそれ以外の大乗経典との比較）でとどまり、明確な本迹《ほんじゃく》相対（法華経の本門と迹門との比較）論や三大秘法論（本門の本尊と題目と戒壇《かいだん》）に触《ふ》れていないのも特徴です。

身延期にも数種の「一代五時（鶏）図」を残されていますが、権実相対を強調していることは、この書の述作の目的を知る一つの手がかりともなります。つまり日蓮の仏法理解の上で、権実相対は通らなければならない通過点であり、それをまず仏教の基礎知識として弟子に学ばせ、「釈尊一代の説法の中で法華経が第一である」ということを理解させるために用意した学習教材だったと考えられるのです。

おそらく眼前の弟子たちの前で、紙と筆を使用されながら線を引き、書き込みをしながら講義していったのでしょう。いくつかの現存する「一代五時（鶏）図」の筆致《ひっち》からもそのことがうかがえます。要するに「一代五時（鶏）図」は、弟子たちに対して行った「仏教史入門講座」の教材だったと考えられます。

# 御書の題号

自題号の御書は、わずかに十四編にすぎないとすると、他の御書の題号はだれが付けたのでしょうか。実は題号はほとんどがのちの弟子たちによって付けられ、それが伝統的に受け継《つ》がれているのです。宗派によって題号が違ったりするため、別称、別名をもつ御書も少なくありません。また、内容を要約したような題号もあります。「王舎城事《おうしゃじょうのこと》」「瑞《ずい》相御書《そうごしょ》」「崇峻天皇《すしゅんてんのう》御書」「陰徳陽報《いんとくようほう》御書」などはいずれも四条金吾《しじょうきんご》に与えられたものですが、これらは内容に由来《ゆらい》する題号です。

では「四条金吾殿御返事」と「四条金吾殿御消息」と「四条金吾殿御書」には明確な違いがあるのでしょうか。結論としては、やはり古くから用いられてきた御書目録の題号表記をそのまま用いてきた結果がこのようになってしまったようで、厳密《げんみつ》な違いを見い出すことはできません。そういう意味から御書の題号については、一定の基準を設《もう》けて命名していってもいいのではと考えています。

例えば、供養に対する御礼から始まる手紙や宛名《あてな》の箇所がはっきりと「〇〇殿御返事」とあるものは「御返事」、供養の御礼から始まらない手紙や宛名が「〇〇殿」で終わるものは「消息」、供養の御礼から始まらず本文が法門を中心に書かれている場合や宛名がはっきりしないものは「御書」というような基準に当てはめて付けていくというのも一つの方法だと思います。

## 消息（手紙）の形式

『御書』の大半を占めるのは、なんといっても門下に与えられた手紙です。「消息」と呼ばれる書状の形式は、①書出《かきだし》、②中書《なかが》き（本文）、③書止《かきとめ》、④日付、⑤差出人の名、⑥宛《あて》所《どころ》（受取人）という順番になっています。

近世文書ですと①書出表現には、一筆令啓候《いっぴつけいせしめそうろう》、一筆致啓上《けいじょういたし》候、一筆令啓達《けいたつせしめ》候、御状《ごじょう》令拝見《はいけんせしめ》候などとなりますが、日蓮の場合はこういう表現から始まるのではなく、むしろ供養に対する御礼の表現から始まるのが普通です。

そして本文に当たる②中書きが書かれ、最後に③書止として、恐惶謹言《きょうこうきんげん》・恐々《きょうきょう》謹言・謹言などと表記して終わります。なお『御書』では「恐々」となっているものもありますが、真筆を見ると「恐々謹言」と「恐々」の表記は明確に区別ができません。中世文書の

## 書状の書き方

書出（かきだし）
中書き（なかがき・本文）
書止（かきとめ）
日付
差出人の名
宛所

原文でもほとんどすべてが「恐々謹言」ですから「恐々」は「恐々謹言」に統一すべきでしょう。

また、「乃時《ないじ》」で本文を終わる例がいくつかあります。乃時は即時という意味ですから、「とりあえず急いで書きました」という意味を込めての書止《かきとめ》表現です。例としては「をんいのりのためなり。恐恐謹言　乃時」（断簡）というように書かれています。

そして④日付が書かれますが、ほとんどは月日だけで年号を入れることはまれです。これを無年号文書といいます。月日を書いて次に改行して⑤差出人の名がきます。「日蓮」と書き、その下に花押《かおう》というサインをしたた

## 書状の各部の名称

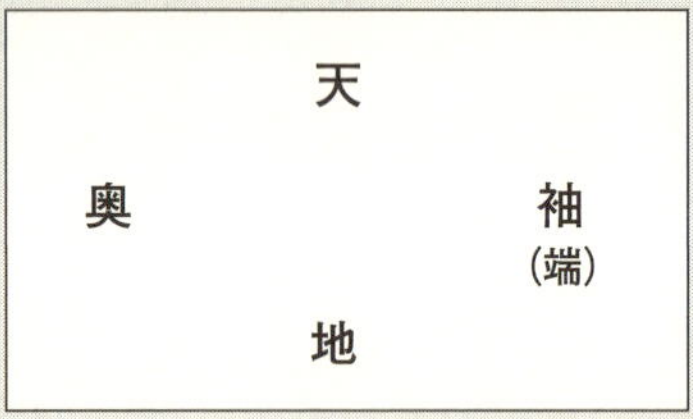

袖は端ともいう。

めます。最後に⑥宛所（受取人）が紙の奥上に書かれます。多くは「○○殿」か「○○殿御返事」で締められます。

手紙を書いたあと、まだ伝えたいことがある場合、追《おっ》而《て》書《がき》（追伸）という形で文章を追加しますが、中世文書では、第一紙の袖《そで》（上図参照）部分に少し小さい字で書き込みます。ですから現存する真蹟《しんせき》の第一紙は、右端の袖部分をあらかじめ空けて書き出されるのが特徴です。

追伸は解読して活字にする時は最後に表記されますが、もともとは第一紙の袖部分に書かれたものなのです。追伸で書くことがまだあると、場合によっては、本文の行間に少し小さい字で書き込むものもあります。

## 花押と在御判の違い

差出人の箇所は『御書』の表記で「日蓮　花押《かおう》」と「日蓮　在御判」とが混在しています。これは差出人である日蓮の立場からは「花押」（サイン）を書いたことになり、門下の立場からは「御判」が「在る」（書かれている）ととらえるわけで、立場の違いから生じた二種類の表記なのです。なお、「在御判」の読み方は、古文書の解読文で花押のことを「在判」（ありはん）と読んでおり、「ざいごはん」より「ありごはん」と読むほうがいいでしょう。

これを最初に用いたのは直弟子・日興で、真蹟《しんせき》を書写する立場から「在御判」と表記しています。いずれにしても、もとは日蓮のサインを示しているのですから、表記は統一すべきです。どちらがいいかと言えば、日蓮の立場から「花押」で統一するのがいいと思います。

なお「花押」ですが、現存する日蓮の一番最初の花押は文永五年（一二六八年）四月五日付の「安国論御勘由来《ごかんゆらい》」に記されたものです。以後、文永八年の竜の口の法難以降、御本尊を顕されますが、御本尊にも花押が書かれています。そして、日蓮の花押は年とともに変化していくことがわかっています。御書の述作《じゅっさく》年代を推定する場合、この花押の形は重要な判断材料となっているのです。

# 消息（手紙）の日付と年号

私たちは、手紙の最後に日付を入れるのが普通ですが、「平成二十四年」とか「二〇一二年」のように元号年や西暦を入れずに、月日だけを書くことがあります。今年が何年であるのかは、送るほうも受け取るほうもわかりきったことだからでしょう。

日蓮の真蹟《しんせき》でも同様で、ほとんどが月日しか書かれていません。『御書』の表記では年月日がそろって書かれている御書は多く見られますが、その大半は真蹟がなく写本だけが伝わっている御書なのです。写本の段階で挿入《そうにゅう》されたため、述作年を決める有力な材料にはなりますが、真蹟では書かれていなかったものがほとんどなのです。

実は、真蹟現存書で年月日が書いてある御書は、次頁の表のようにわずかに九編しかありません。

## 年月日が書かれている消息（手紙）

| | 『御書』頁 | |
|---|---|---|
| 「安国論御勘由来」 | 33頁 | 文永五年太歳戊辰四月五日 |
| 「安国論奥書」 | 33頁 | 文永六年太歳己巳十二月八日 |
| 「法華浄土問答抄」 | 117頁 | 文永九年太歳壬申正月十七日 |
| 「観心本尊抄」 | 238頁 | 文永十年太歳癸酉卯月二十五日 |
| 「法華行者逢難事」 | 965頁 | 文永十一年甲戌正月十四日 |
| 「始聞仏乗義」 | 982頁 | 建治四年太歳戊寅二月廿八日 |
| 「転重軽受法門」 | 1000頁 | 文永八年辛未十月五日 |
| 「観心本尊抄送状」 | 255頁 | 文永十年太歳癸酉卯月廿六日 |
| 「諸人御返事」 | 1284頁 | 弘安元年三月廿一日戌時 |

この中で、「諸人御返事」以外は一行で書かれています。「諸人御返事」は弘安《こうあん》元年の四文字だけで一行、三月廿一《にじゅういち》日で一行、戌時《いぬのとき》（午後八時ごろ）で一行とっているので、年月日は一行で書くという原則に従っていないことになります。むしろ書いた時間まで克明《こくめい》に書くことで、門下へ注視を喚起《かんき》するような配慮が感じられます。

このように年月日をきちんと書くのは、重要な法門を記したことを強調する意味と、後世に繰り返し読まれることを想定してのことだと考えられます。

消息の場合はプライベートなものであり、一過性で月日だけあればことが足りるので、元号年は記さないのが原則だったといえます。

# 異説の多い述作年代

「上野殿御返事」（『御書』一五六一頁）と「上野殿御書」（同一五六七頁）の真蹟《しんせき》には、それぞれ「弘安二年到来《とうらい》」と「弘安三年到来」という直弟子・日興の文字が書いてあります。日興が覚え書きのために元号と年を書き、「到来」と記したのでしょう。この表記があるために、この二つの消息の年月日が確定できるわけです。ところが『御書』では「到来」が消え、「弘安二年十二月廿七日《にじゅうしち》」「弘安三年九月六日」と書いてあるので、真筆にもともと元号年が明記されていたと誤解されてしまうことになります。こういう例は多数ありますが、元号年だけ（）を付けるとか表記のしかたを工夫する必要がありそうです。

日興の加筆ならまだ信用するに値《あたい》しますが、後世確たる根拠もなく挿入《そうにゅう》された元号年は、やはり活字上できちんと区別して妥当《だとう》かどうかよく吟味《ぎんみ》しなければなりません。前項で述べたように真筆では、九編しか元号年が書かれていません。しかし、活字になった御書では、元号が表記されているのが百四十編にも及んでいるのです。それらをいったん白紙に戻して、述作年代を再考する作業が期待されるところです。

ところが、述作年代を確定することは非常にむずかしい問題となります。私たちでも古い手紙を見て、月日しか書いてなければ何年前の手紙なのか特定できないことがありませす。もちろん郵便局の消印があればすぐにわかるのですが、日蓮の手紙となるとそうはいきません。御書の述作年代を推定し、書いた順番（編年順）に編集するという作業は江戸時代ごろから行われ現在まで続いていますが、決定版編年体《へんねんたい》御書の作成は不可能に近いといっても過言ではないのです。

近世以来異説がないのでそのまま採用している御書が非常に多いのが実態で、これまできちんと検討されてきませんでした。述作年代の変更によっては門下の信仰履歴《りれき》もだいぶ変わってきますから、年月日を決定することは慎重《しんちょう》に進めなければなりません。御書を書いた年代に二つの説、三つの説と異説があるものが多いのはこうした理由からなのです。

## 門下へ消息（手紙）が届くまで

遠方の門下に宛《あ》てた消息はどのようにして届けられたのか考えてみます。身延《みのぶ》の日蓮のもとを訪《たず》ねた門下本人や使いの者に託《たく》された消息は直接手渡しですからこれはいいとして、問題は遠方の門下にだれが届け、その内容を正確に伝えたのかということです。ほとんどの場合、運搬《うんぱん》役は出家の弟子が担《にな》っていたと考えられます。その弟子はたんに届ければ役割が終わるわけではありません。内容をきちんと伝えるという重要な任務もあったのです。まさに与えられた門下に対して読み聞かせ、御書の講義をするわけです。

「総じては・これよりぐ《具》して・いたらん人にはより《依》て法門御聴聞《ちょうもん》有るべし互《たがい》に師弟と為《な》らんか」（「辨殿御消息」『御書』一二二四頁）という一節があります。これは師である日蓮の著作を具して（持ち運んで）やってきた人（弟子）のところへ集《つど》い合い、伝達された内容をしっかり聞き、それぞれがあるいは師となり弟子となって皆が納得するまで語り学び合いなさいという意味ですが、そのためには伝達役の弟子は内容をしっかりと理解していないと役目を果たせなかったのです。実は真蹟《しんせき》には、日蓮の文字ではない他のだれかが記した文字が散見できます。これは伝達役の弟子による覚え書きであると考えてよいと思います。

その表記は、他筆《たひつ》（他人が書いた文字）による校正《こうせい》（文字の誤りの訂正）と振り仮名《ふがな》の二つに大別することができます。もちろん振り仮名には日蓮自筆による振り仮名もあり、仏教用語や固有名詞あるいは難読《なんどく》語などの読み方を示すために振る場合と、文字が読みづらい場合に振るものとがあります。もちろん門下の教養に合わせて、漢文体、和漢混合体、仮名文字主体と書き分けているので、日蓮自筆の振り仮名はそう多くはありません。たとえば南条時光宛ての消息を見ると、漢字を書いて振り仮名を振るのではなく、はじめからひらがなを多用するので必然的に振り仮名は少ないのです。門下別の消息における漢字使用率については、二二七頁の「消息（手紙）の漢字使用率」を参照してください。

一方、他筆者による振り仮名については、現代に生きる我々から見れば、真蹟紙上に加筆することは不遜《ふそん》に思えるし、そもそも私的な書状に第三者が書き込みをすることは普通

## 真蹟に記されている他者筆の例

雪も又ふれり・ちりし
むしや
花も又さきて候き・無常
た　かへり・
はかり・またも。きこへ候はさ
け
りるか・あらうらめし　く
よしよ
余所にても・よきくわん
さかな　く

ありえない話です。そこでまず、真蹟に他筆者がなぜ振り仮名を振ったのか、もう少し追究してみます。

それは指導の伝達役を担った弟子が、あらかじめ読み聞かせが容易になるように振ったと考えられます。宛先の門下に対して振り仮名を付けることで、理解が進むという目的も兼ねています。真蹟に直《じか》に筆を入れるという行為の背景には、当然書き手である日蓮の了承《りょうしょう》が存在していたはずです。書簡の性格上、差出者と受取者との間に第三者が勝手な介入《かいにゅう》を為《な》すことはないとすれば、やはり受取者への伝達の役目を確実に果たすために第三者である他筆者が日蓮の了解を得て書き入れたと見るのが妥当《だとう》でしょう。そのことをうかがわせる表記の跡があります。

「上野殿母御前御返事」に「雪も又ふれり・ちり《散》し花も又さきて候《そうら》いき、無常ばかり・またも・かへりきこへ候はざりけるか、あらうらめし・あらうらめし余所《よそ》にても・よき《良》くわんざ《冠者》かな・よきくわんざかな」（同一五八三頁）という一節があり、これを真蹟《しんせき》紙上に書かれたままに解読すると、前頁の図のように他筆者の筆で書かれた部分が交《ま》じっていることがわかります。

　判読の傍線《ぼうせん》部分が他筆者の筆を示しています。なお○は日蓮の記した挿入記号で、ここへ「かへり」を入れることを示しています。よく見ると他筆者は文章の区切り記号「・」を付け、難読《なんどく》箇所には「むしや」「よしよ」と振り仮名を振り、脱字《だつじ》箇所に「け」を挿《そう》入《にゅう》しています。これらは受取者たる南条時光の母へ、消息の内容を正しく読んで聞かせるために、他筆者すなわち日蓮の弟子のだれかが付けたものと考えられます。

　まさにこのことは、日蓮が消息を書き、門下にそれが届くまでどのような経緯《けいい》があったのかを如実《にょじつ》に示してくれているのです。つまり、日蓮は南条時光の母への消息を書いたあとこれを届ける弟子を指名し、まず読ませたのです。伝達役の弟子は、一読して文の区切り、意味、よく読めない字、校正箇所などをチェックし、確認します。そこまでしないと、南条時光のお母さんにきちんと手紙の内容を伝えることができないからです。真蹟上に他筆があるのはこうした背景によるものなのです。もちろん他筆のない消息もたくさんあります。それは消息を届ける弟子が読みこなし、内容をきちんと掌握《しょうあく》していたからでしょう。むしろ、この「上野殿母御前御返事」に関わった弟子は、師である日蓮の文字を読むのが精一杯《せいいっぱい》だったのかもしれません。

# Ⅲ　暦と元号

## 十干《じっかん》・十二支《じゅうにし》

『御書』にはなじみのない古語が多く出てきますが、そのなかでもわかりにくいのが干支《えと》です。歴史の辞典類に必ず載《の》っているのが次頁のような「干支《かんし》表」です。

鎌倉時代の人にとっても干支は常識として知っておくべき基礎知識ですが、特に江戸時代では子供たちに徹底してたたき込まれた知識でした。「甲子《きのえね》」は1、「乙丑《きのとうし》」は2というように数字として干支を覚えさせられたのです。1から60までありますが、これは十干と十二支を組み合わせ、最小公倍数の六十通りで表します。

もともとこの干支は陰陽《おんみょう》道の考えに基づいており、この世のすべての構成要素として木・火・土・金・水の五行《ごぎょう》を挙《あ》げ、それぞれ陽の兄《え》と陰の弟《と》にわけ十干となります。そこで十干の読み方は、きのえ、きのと、ひのえ、ひのと……となるわけです。

# 干支表

| | | | | | | | | | |
|---|---|---|---|---|---|---|---|---|---|
| 1 甲《きのえ》子《ね》 | 7 庚《かのえ》午《うま》 | 13 丙《ひのえ》子《ね》 | 19 壬《みずのえ》午《うま》 | 25 戊《つちのえ》子《ね》 | 31 甲《きのえ》午《うま》 | 37 庚《かのえ》子《ね》 | 43 丙《ひのえ》午《うま》 | 49 壬《みずのえ》子《ね》 | 55 戊《つちのえ》午《うま》 |
| 2 乙《きのと》丑《うし》 | 8 辛《かのと》未《ひつじ》 | 14 丁《ひのと》丑《うし》 | 20 癸《みずのと》未《ひつじ》 | 26 己《つちのと》丑《うし》 | 32 乙《きのと》未《ひつじ》 | 38 辛《かのと》丑《うし》 | 44 丁《ひのと》未《ひつじ》 | 50 癸《みずのと》丑《うし》 | 56 己《つちのと》未《ひつじ》 |
| 3 丙《ひのえ》寅《とら》 | 9 壬《みずのえ》申《さる》 | 15 戊《つちのえ》寅《とら》 | 21 甲《きのえ》申《さる》 | 27 庚《かのえ》寅《とら》 | 33 丙《ひのえ》申《さる》 | 39 壬《みずのえ》寅《とら》 | 45 戊《つちのえ》申《さる》 | 51 甲《きのえ》寅《とら》 | 57 庚《かのえ》申《さる》 |
| 4 丁《ひのと》卯《う》 | 10 癸《みずのと》酉《とり》 | 16 己《つちのと》卯《う》 | 22 乙《きのと》酉《とり》 | 28 辛《かのと》卯《う》 | 34 丁《ひのと》酉《とり》 | 40 癸《みずのと》卯《う》 | 46 己《つちのと》酉《とり》 | 52 乙《きのと》卯《う》 | 58 辛《かのと》酉《とり》 |
| 5 戊《つちのえ》辰《たつ》 | 11 甲《きのえ》戌《いぬ》 | 17 庚《かのえ》辰《たつ》 | 23 丙《ひのえ》戌《いぬ》 | 29 壬《みずのえ》辰《たつ》 | 35 戊《つちのえ》戌《いぬ》 | 41 甲《きのえ》辰《たつ》 | 47 庚《かのえ》戌《いぬ》 | 53 丙《ひのえ》辰《たつ》 | 59 壬《みずのえ》戌《いぬ》 |
| 6 己《つちのと》巳《み》 | 12 乙《きのと》亥《い》 | 18 辛《かのと》巳《み》 | 24 丁《ひのと》亥《い》 | 30 癸《みずのと》巳《み》 | 36 己《つちのと》亥《い》 | 42 乙《きのと》巳《み》 | 48 辛《かのと》亥《い》 | 54 丁《ひのと》巳《み》 | 60 癸《みずのと》亥《い》 |

## 方位と時刻

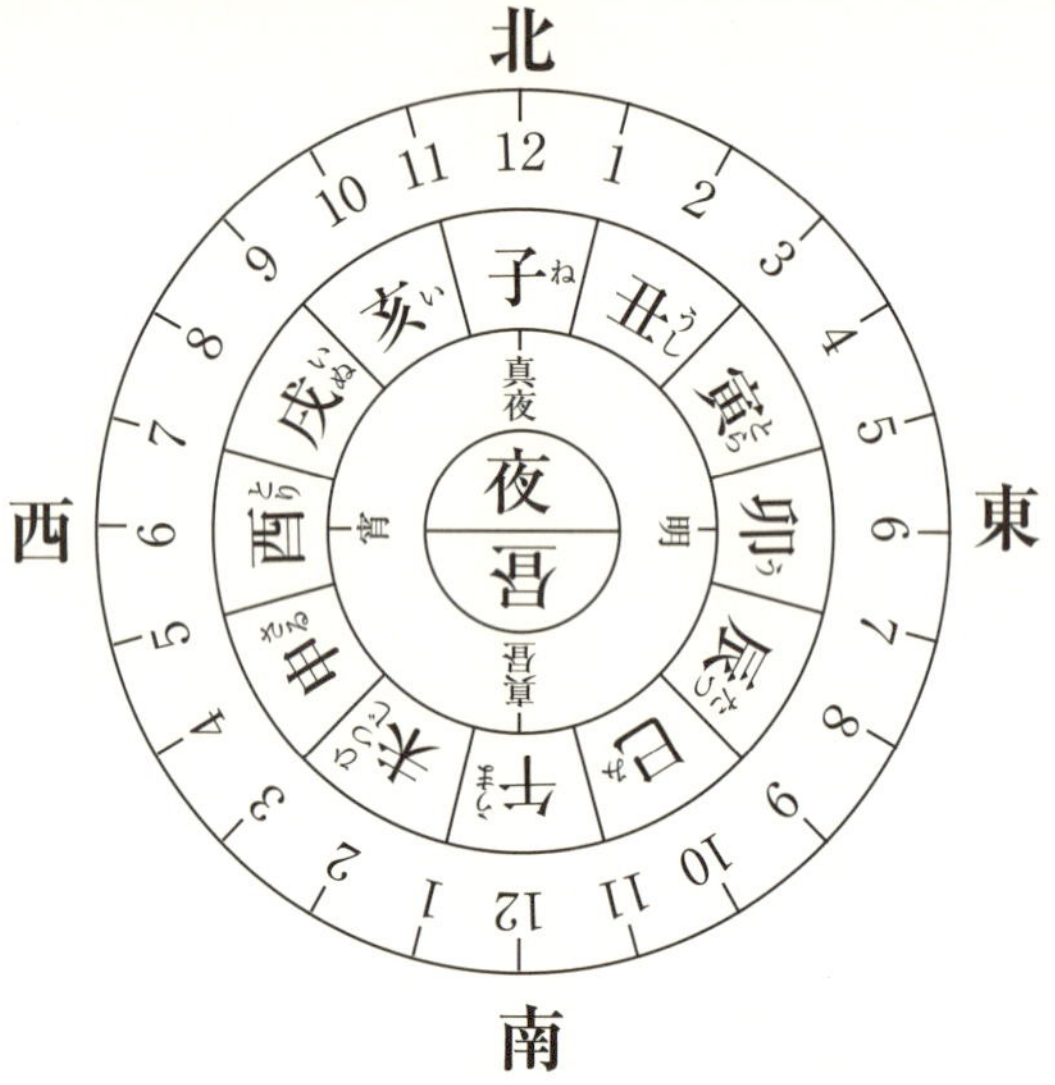


十二支のほうが私たちにはなじみがあります。いうまでもなく十二年に一度巡《めぐ》ってくる「年男《としおとこ》」とか「年女《としおんな》」というのは十二支から出てきます。

十二支は私たちが書いている「鼠《ね》・牛《うし》・虎《とら》・兎《う》・龍《たつ》・蛇《み》・馬《うま》・羊《ひつじ》・猿《さる》・鳥《とり》・犬《いぬ》・猪《い》」とはすべて漢字が違うので注意してください。ちなみに日蓮は一二二二年生まれですから「壬午」(みずのえうま)の年に当たり、午年《うまどし》になります。「壬午」は六十年ごとに巡ってきますから、一九四二年（昭和十七年）や二〇〇二年（平成十四年）生まれの人は日蓮と同じ干支ということになります。

この十二支は時間を表したり、方角を表したりすることもできるので（「方位と時刻」の表参照）、日常的にもよく使われる大事な知識だったのです。

『御書』で十二支を用いた表現の事例を挙《あ》げておきます。

まず時間については「此《こ》の十二日酉《とり》の時・御勘気《ごかんき》・武蔵守殿《むさしのかみどの》御あづかりにて十三日丑《うし》の時にかまくら《鎌倉》をいでて」（「土木殿御返事」『御書』九五一頁）とあります。竜《たつ》の口《くち》の法難の経過を伝える一節ですが、文永八年九月十二日の酉《とり》の時つまり午後六時に御勘気《ごかんき》（有罪宣告）として佐渡流罪が言い渡され、身柄預かり責任者として武蔵守北条宣時《のぶとき》が指名され、その邸《やしき》から九月十三日の丑の時、つまり午前二時に鎌倉を出たという記述になっています。このあと竜の口の刑場に向かうので、竜の口の法難は九月十二日の午後、草庵《そうあん》を平左衛門尉《へいのさえもんのじょう》頼綱《よりつな》に襲撃《しゅうげき》され、九月十三日の夜中に頸《くび》の座に据《す》えられる両日にわたる法難だったということがわかります。

方角については、その竜の口の頸《くび》の座で起きたひかりものの出現について、「江のしま《島》のかたより月のごとく・ひかりたる物まり《鞠》のやうにて辰巳《たつみ》のかたより戌亥《いぬい》のかたへ・ひかりわたる」（「種種御振舞御書」同九一四頁）とあります。ひかりものは辰巳の方角から戌亥の方角、つまり南東から北西にかけてひかりわたったと記されています。

今でもわずかに十二支の考え方が残っています。例えば、世界地図に子午線《しごせん》という表現がありますが、これは南北の経線を意味します。また午前・午後というのは午《うま》の刻つまり昼の十二時の前と後を表しています。

# 年数計算の方法

実は、日蓮が年数計算をする場合用いたのが干支《えと》だったのです。八九頁の「消息（手紙）の日付と年号」の「日付が書かれている消息」の表（九〇頁）を見てください。この中で「諸人御返事」をのぞけば「戊辰《つちのえたつ》」「己巳《つちのとみ》」などの干支《かんし》表記が入っています。この時代の文書は普通、年を表すのに干支を並記することが原則です。

なぜ干支を書き入れたのか、その役割をわかりやすい例を挙《あ》げて説明しましょう。

たとえば「一九八五年は今から何年前ですか」と質問されたら、すぐに答えられると思います。今年は二〇一二年だから引き算をして二十七年前とすぐ求められます。干支はこの計算を可能にする役割をもっていたのです。鎌倉時代にはもちろん西暦などないわけですから、二〇一二から一九八五を引いて二十七という計算をすることはありえません。

話を戻しましょう。「建長《けんちょう》五年から弘安《こうあん》三年までは何年間か。西暦を使わないで答えよ」といわれたらおそらく私たちはお手あげでしょう。ところが、日蓮は「二十八年」だとこともなげに記しているのです。次頁の「御書に見る干支の表記」をごらんください。これは「諫暁八幡抄《かんぎょうはちまんしょう》」（『御書』五八五頁）の一節を真筆の通りに解読したものです。

ここにある「建長五年　癸丑《みずのとうし》」と「弘安三年太歳庚辰《たいさいかのえたつ》」の表現に注目してください。日蓮が「二十八年」としたのは、もちろん建長から弘安までの元号をもとにして二十八年間と計算したのではありません。なぜなら、建長・康元《こうげん》・正嘉《しょうか》・正元《しょうげん》・文応《ぶんおう》・弘長《こうちょう》・文永《ぶんえい》・建治《けんじ》・弘安と九つも元号が変わるのですから。二十八年間は元号ではなく、「癸丑」と「庚辰」という干支から求めたものなのです。つまり、干支は十干と十二支を組み合わせ、その最小公倍数の60を最大値として1から60まで数字と同じように活用するのが中世人の基本的教養であり、日蓮もそのために覚え書きとして干支を記しているのです。

さて、ここでの「癸丑」は五十、「庚辰」は十七となり、五十から十七までは式で示せば、次頁の表のようになるわけです。一を足《た》すのは数えで計算するからです。干支が書いてあれば、今から何年前であるかもすぐわかるので、当時の人たちはめまぐるしく変わる元号年よりも干支を基準にしていたのです。おそらく日蓮は、立宗宣言の年は「癸丑」すなわち干支番号50の年と記憶していたのでしょう。だから何年前かがすぐ計算できたのです。

## 御書に見る干支の表記

今日蓮ハ去建長

五年癸丑四月廿八日より今弘安三年太歳庚辰

十二月にいたるまて二十八年か間

## 干支からの年数計算の例

(60 − 50) + 17 + 1 = 28

干支の満数　癸丑　庚辰　数え

## 閏月《うるうづき》

真蹟《しんせき》では月名を表すのに「後三月」とか「閏五月《うるう》」という表現が出てきます。これは三月の次に「後三月」が来る、五月の次に「閏五月」が来るという旧暦《きゅうれき》の月の設定方法によって登場する「閏月」のことなのです。私たちは「閏年」なら知っていますが、「閏月」というのはなじみがありません。

そこで「閏月」について詳しく説明しましょう。旧暦では一か月が三十日か二十九日になっていました。三十日は大の月、二十九日は小の月とし、これは月が地球のまわりを公転する周期をもとに設定されています。ですから月の運行を基準にする暦《こよみ》を太陰暦《たいいんれき》といいます。日本の旧暦は、中国からの輸入品ですが、地球から見た太陽の動きも加味《かみ》して作られているので太陰太陽暦です。一方、明治六年から採用された新暦は、西洋からの輸入品で、太陽暦なので、旧暦との違いに混乱が生じるのです。

旧暦では月の運行を重視するので、当時の人々は月の形を見て日にちを知ることができたのです。例えば三日月は三日に出る月ですし、満月のことを十五夜のお月様といいますが、これは十五日に出る月と決まっていたのです。

月はおよそ二十七・三日で三六〇度公転しますが、その間に地球も三〇度反時計まわりにまわっていますから、実質新月（一日《ついたち》の月）から次の新月まではおよそ二十九・五日かかります。そこで一か月は三十日か二十九日とし、これを大の月、小の月と称《しょう》したのです。ですから、旧暦では三十一日という日は絶対に出てきません。大小の月は基本的に一年でそれぞれ六か月ずつ設定しました。年によっては大の月が七か月の場合もありますが、六か月ずつだと三十日×六か月＋二十九日×六か月で一年が三百五十四日にしかならず、三年もすれば一か月以上ずれてしまいます。

そこで設定されたのが閏月で、一年が十三か月になる年が出てきたのです。計算上は十九年に七回閏月を設ければ、ずれはほぼ回避《かいひ》できます。これを十九年七閏法《しちじゅんほう》といいます。ちょっと複雑な計算になりますが、十九年七閏法の適切さを証明しておきましょ

## 日蓮の在世中の閏月（立宗宣言以降）

| | |
|---|---|
| 1254年　建長　6年　閏　5月 | 1257年　正嘉　元年　閏　3月 |
| 1259年　正元　元年　閏10月 | 1262年　弘長　2年　閏　7月 |
| 1265年　文永　2年　閏　4月 | 1268年　文永　5年　閏　正月 |
| 1270年　文永　7年　閏　9月 | 1273年　文永10年　閏　5月 |
| 1276年　建治　2年　閏　3月 | 1278年　弘安　元年　閏10月 |
| 1281年　弘安　4年　閏　7月 | |

う。一年はほぼ三百六十五・二四二二日ですから十九年だと約六千九百三十九・六日になります。これを二十九・五日で割り算するとほぼ二百三十五か月となります。ということは「235 −（19 × 12）＝7」で、七か月余ります。ですから十九年で七回閏月を設定すればほとんどずれが生じないというわけです。

閏月は上の表のように設定される月が決まっているわけではありません。当時、暦は朝廷の陰陽寮《おんみょうりょう》の暦《れき》博士《はかせ》が作成しており、陰陽道の計算法に基づいて閏月を何月にするか決められていました。

真蹟《しんせき》では「盂蘭盆《うらぼん》御書」（『御書』一四二九頁）で平清《たいらのきよ》盛《もり》が死去した様子を記したなかで「閏」を「潤」と記し、しかも挿入《そうにゅう》されている箇所があります。また、文永五年後正月十八日に蒙古の牒状《ちょうじょう》が来たことに触《ふ》れる箇所があります。さらに真蹟はありませんが、日興の写本が現存する「上野殿御返事」で「後十月十二日」(同一五五二頁)とあり、真蹟では「後」と記されていたことがうかがえます。

したがって、基本的に手紙の末尾に書く月日は、閏月の時は「後」を用いるのが日蓮の特徴と言えるでしょう。

日本が新暦を採用するのは明治六年からですが、実は旧暦を新暦に変更した理由は、この閏月が深く関わっていたのです。日本では明治五年十二月三日が明治六年一月一日になって新暦の採用が始まります。これを推進《すいしん》したのは早稲田大学を創立した大隈重信《おおくましげのぶ》で、彼の回顧談《かいこだん》によると維新《いしん》政府の財政をゆるがせていた旧武士への俸給《ほうきゅう》を二か月分カットするために断行したことが書かれています。つまり、このまま旧暦を続けていると、明治六年は閏月があり十三回給料を払わなければならなかったのです。新暦の採用により、明治五年十二月と翌年の閏月の給料をカットすることに成功したというわけです。

# 旧暦の四季

今まで旧暦をもとに生活してきた人びとは、明治六年に新暦が採用されても、とまどうばかりで、明治の末までは新旧併記《へいき》のカレンダーがあったほどでした。新旧の違いは、季節の考え方をも狂わせることになります。

そこで、新暦と旧暦の違いで押さえておくべき知識として、季節のずれについて述べていきます。『御書』では「曾谷《そや》入道殿許《もと》御書」で「下春《げしゅん》」(『御書』一〇四〇頁)と書かれていますが、これは三月をさします。「下春」が三月ということは、一月が上春、二月が中春(中の春とも)となるわけですが、一、二、三月が春であることに注目してください。現代でも「新春あけましておめでとう」といいますが、これは新春が正月だからで、旧暦の表現が残っています。旧暦では四、五、六月は夏、七、八、九月は秋、十、十一、十二月は冬とな

## 新暦と旧暦に見る四季と月の関係

| | 新暦 | 旧暦 | 月の別称 | 『御書』の別称 |
|---|---|---|---|---|
| 1月 | 冬 | 春 | 睦月《むつき》 | 正月 |
| 2月 | 冬 | 春 | 如月《きさらぎ》 | |
| 3月 | 春 | 春 | 弥生《やよい》 | 下春 |
| 4月 | 春 | 夏 | 卯月《うづき》 | 卯月<br>二二月 |
| 5月 | 春 | 夏 | 皐月《さつき》 | |
| 6月 | 夏 | 夏 | 水無月《みなづき》 | |
| 7月 | 夏 | 秋 | 文月《ふみづき》 | |
| 8月 | 夏 | 秋 | 葉月《はづき》 | |
| 9月 | 秋 | 秋 | 長月《ながつき》 | |
| 10月 | 秋 | 冬 | 神無月《かんなづき》 | |
| 11月 | 秋 | 冬 | 霜月《しもつき》 | |
| 12月 | 冬 | 冬 | 師走《しわす》 | |

ります。春は一月から始まるので、旧暦のほうが季節と月の関係はわかりやすくなっています。なお一月は鎌倉時代、日蓮の御書も含めて「正月」と表記されています。

上表のように私たちの四季の感覚と旧暦の月とでは、季節感がずれていることに注意してください。どのくらいのずれなのか、一つの例を挙《あ》げて説明しましょう。

六月の異称《いしょう》を「水無月《みなづき》」

といいますが、新暦の六月は、梅雨《つゆ》のただ中ですから、水はいっぱい有るわけなのに、水が無いとはどういうことなのか。実は旧暦の六月は、梅雨が明けて雨が降らず日照《で》りの続く時期に当たる七月十日過ぎなので、旱魃《かんばつ》が心配な季節を迎えるわけです。それで旧暦六月は、文字通り「水無」状態になるのです。あの極楽寺良観が幕府の要請《ようせい》で文永八年に雨乞《あまご》いの祈禱《きとう》をし、結局雨を降らすことができず、日蓮に咎《とが》められますが、この良観の祈《き》雨《う》が行われたのが旧暦の六月十八日から七月四日ですから、まさに「水無月」の時だったのです。日照りが続き、農作物の干害《かんがい》を危惧《きぐ》した幕府が祈雨を命じるのは、六月つまり「水無月」が多かったのです。

また、「五月晴《さつきば》れ」というと五月の晴れ渡った快晴の日をイメージしますが、これは旧暦をもとにした表現なので意味はまったく違うのです。つまり旧暦の五月は梅雨時《つゆどき》で、雨の日が続いている中で久しぶりの晴れ間になるというのが「五月晴れ」なのです。

『御書』で月の記述が出てきた時は、頭を旧暦に切り替えて読むようにしなければなりません。

# 太歳《たいさい》

時を表す年・月・時間・分・秒などの基数になっているのが十二という数です。この十二という数で時間を考えるのは、木星《もくせい》の運行に関係があります。陰陽道《おんみょうどう》では想像上の木星を設定して、これと一年十二か月を結び付けたのです。

八九頁の「消息（手紙）の日付と年号」で真蹟《しんせき》に年月日が書かれている例を九つ挙《あ》げましたが、このうち六つに「太歳」という表記があります。実はこの「太歳」は、ほぼ十二年（正確には約十一・八六年）で太陽のまわりを反時計まわりに公転する木星の運行とは逆の時計まわりにまわる想像上の星のことを意味しています。「太歳」は、その一周を十二に区分して、それぞれ十二支に配当します。中国の暦法で説かれる十二支（子丑寅卯辰巳午未申酉戌亥）は、時間や方角を表すのに使われたため、古代・中世・近世の人々にとってはだれでも知っている基本的教養でした。「太歳」は木星と同じく、正月である寅《とら》の月に真夜中に南中する星と仮想され、十二年でまた寅の位置に戻ってくるようになっています。そこで年の干支《えと》を表現するとき、干支の前に「太歳」と書き記すようになったのです。

## 日蓮の入滅の年齢

日蓮は一二二二年生まれ、一二八二年逝去《せいきょ》ですから六十年の生涯です。壬午《みずのえうま》の年に生まれ、壬午の年に亡くなっているので、まさに還暦《かんれき》（六十歳）です。還暦といえば、日本では六十歳になると赤いちゃんちゃんこを着て、家族、親類から祝《いわ》ってもらうという風習があります。

ここで疑問として日蓮は六十歳で亡《な》くなったのか、六十一歳で亡くなったのか、つまり年齢の数え方がはっきりしないという問題があります。

結論からいうと、昔は数えで年齢計算し、現代は満年齢で計算するという違いがあるのです。生まれたら一歳というのが旧暦、一回目の誕生日を迎えたら一歳というのが新暦の年齢計算なのです。ただし、韓国では現在でも生まれたら一歳として年齢計算しています。ですから韓国で成人式に出て日本に留学すると、また成人式に参加することができるそうです。

さて、現行の『御書』では題号の下に「〇〇歳御作」と表記されていますが、これは数え年なのです。例えば「開目抄《かいもくしょう》」では「文永九年二月　五十一歳御作」とあります。

文永九年は西暦で一二七二年ですから生誕《せいたん》の一二二二年から計算すれば、五十歳のはずなのですが、生まれた時がすでに一歳として計算する数え年により、五十一歳となっているわけです。したがって、日蓮は六十一歳で亡くなったということになります。

このように『御書』を読む際には、旧暦の年数の数え方にも慣れておく必要があります。

# 事績を新暦に直すと

前述したように、年齢の数え方が今と昔で違うのもやっかいですが、鎌倉時代に用いられていた暦《こよみ》の仕組みが今と多くの点で違っていることも、しっかり押さえておく必要があります。

ここでは、旧暦の出来事を新暦に変えると何月何日の出来事になるかを整理してみました。実は、この作業をやるとたいへん面倒《めんどう》なことが起きる場合があります。

たとえば、浄土真宗《じょうどしんしゅう》の開祖・親鸞《しんらん》死去の年月日についての問題です。新暦の日付に置き換えると年が変わってしまうのです。幸い日蓮の主要な事績で、新暦に換算《かんさん》しても年が変わるものはありませんが、親鸞の場合は、死去は旧暦では弘長《こうちょう》二年（一二六二年）十一月二十八日で、これを新暦に直すと一月十六日なので、一二六三年となって年を越してしまうのです。実際いくつかの人名辞典で親鸞の生没年代を調べると、一一七三〜一二六二年と一一七三〜一二六三年の二つがあり混乱したままです。

もう一つ関連してどう考えてもおかしいのが二月十一日の「建国記念の日」です。この由来は『古事記《こじき》』『日本書紀』によるもので、初代天皇の神武《じんむ》天皇が即位した日が紀元《きげん》前六六〇年正月一日でこれを新暦に直すと二月十一日というものでした。戦前は紀元節として、大日本帝国最大の祭日でもありました。戦後廃止されましたが、昭和四十一年に「建国記念の日」として復活しました。歴史学的にいえば、紀元前六六〇年に日本という国があるはずもなく、まして神武天皇は実在する人物ではありませんから、まったく根拠のない話です。

そして、この日だけ新暦に換算するというのもおかしな話ですし、そもそも二月十一日は途中で変更されており、最初は一月二十九日だったのです。つまり、明治政府は旧暦の明治五年十二月三日を新暦の明治六年一月一日として新暦に切り替えたので、二十八日分日付を進ませたことになります。それによって旧暦の正月一日は一月二十九日となり、これが最初の「紀元節」として明治六年三月に決められました。ところがこの日は、明治天皇の父であった孝明《こうめい》天皇の命日が新暦で一月三十日だったため、明治政府は一月二十九日では都合が悪いとして、二月十一日に変更したのです。その根拠となる計算方法はいまだによくわかっていません。このように「建国記念の日」の二月十一日は、多くの問題点を抱えているのです。

いずれにしても新暦と旧暦の違いを理解するのは容易ではなく、たいへんやっかいな問題を多く抱えているのです。

でも、私たちは〝今日は何の日〟といって記念日を大事にしています。そこで、日蓮の事績について新暦旧暦対照表を作ってみましたので、参考にしてください。

この表からは、祖師忌《そしき》（日蓮の亡くなった日に報恩のために行う法会）を十月十三日にするのか、それとも十一月二十一日にするのか迷ってしまいます。明治六年に新暦に切り替えたのちも十月十三日を祖師忌としてきましたが、それらはすべてまちがった日に行っていたということになってしまうので、やはり新暦を採用している現代でも、十月十三日にするのがよいと思います。大事なのは儀式や形式ではなく、師恩報謝の心を込めて行うことだからです。

## 日蓮の事績　新暦・旧暦対照表

| | | 旧暦の日付 | 新暦の日付 |
|---|---|---|---|
| 生誕 | 承久　4年（1222） | 2月16日 | 4月　6日 |
| 立宗宣言 | 建長　5年（1253） | 4月28日 | 6月　2日 |
| 正嘉の大地震 | 正嘉　元年（1257） | 8月23日 | 10月　9日 |
| 「立正安国論」提出 | 文応　元年（1260） | 7月16日 | 8月31日 |
| 伊豆流罪 | 弘長　元年（1261） | 5月12日 | 6月18日 |
| 伊豆流罪赦免 | 弘長　3年（1263） | 2月22日 | 4月　8日 |
| 小松原の法難 | 文永　元年（1264） | 11月11日 | 12月　8日 |
| 蒙古の牒状到来 | 文永　5年（1268） | 閏1月18日 | 3月10日 |
| 竜の口の法難 | 文永　8年（1271） | 9月12日 | 10月24日 |
| 依智を発ち佐渡へ | 文永　8年（1271） | 10月10日 | 11月20日 |
| 佐渡・塚原着 | 文永　8年（1271） | 11月　1日 | 12月11日 |
| 塚原問答 | 文永　9年（1272） | 1月16日 | 2月23日 |
| 「佐渡御書」を書く | 文永　9年（1272） | 3月20日 | 4月26日 |
| 「観心本尊抄」を書く | 文永10年（1273） | 4月25日 | 5月20日 |
| 佐渡流罪赦免 | 文永11年（1274） | 2月14日 | 3月30日 |
| 鎌倉着 | 文永11年（1274） | 3月26日 | 5月11日 |
| 平頼綱を諫暁 | 文永11年（1274） | 4月　8日 | 5月22日 |
| 身延へ入山 | 文永11年（1274） | 5月17日 | 6月29日 |
| 大御本尊を顕す | 弘安　2年（1279） | 10月12日 | 11月24日 |
| 入滅 | 弘安　5年（1282） | 10月13日 | 11月21日 |

もう一つ表を挙《あ》げておきます。これは、新旧換算表を日付け順に並べ替えた「日蓮の記念日カレンダー」です。「今日は何の日」というような時の話のネタとして使ってみてください。

### 日蓮の「記念日カレンダー」（新暦・旧暦）

| | | |
|---|---|---|
| 1月16日 | 塚原問答 | 旧暦 |
| 閏1月18日 | 蒙古牒状到来 | 旧暦 |
| 2月14日 | 佐渡流罪赦免 | 旧暦 |
| 2月16日 | 生誕 | 旧暦 |
| 2月22日 | 伊豆流罪赦免 | 旧暦 |
| 2月23日 | 塚原問答 | 新暦 |
| 3月10日 | 蒙古牒状到来 | 新暦 |
| 3月20日 | 「佐渡御書」を書く | 旧暦 |
| 3月26日 | 赦免後鎌倉着 | 旧暦 |
| 3月30日 | 佐渡流罪赦免 | 新暦 |
| 4月6日 | 生誕 | 新暦 |
| 4月8日 | 平頼綱を諫暁 | 旧暦 |
| 4月8日 | 伊豆流罪赦免 | 新暦 |
| 4月25日 | 「観心本尊抄」を書く | 旧暦 |
| 4月26日 | 「佐渡御書」を書く | 新暦 |
| 4月28日 | 立宗宣言 | 旧暦 |
| 5月11日 | 赦免後鎌倉着 | 新暦 |
| 5月12日 | 伊豆流罪 | 旧暦 |
| 5月17日 | 身延へ入山 | 旧暦 |
| 5月20日 | 「観心本尊抄」を書く | 新暦 |
| 5月22日 | 平頼綱を諫暁 | 新暦 |
| 6月2日 | 立宗宣言 | 新暦 |
| 6月18日 | 伊豆流罪 | 新暦 |
| 6月29日 | 身延へ入山 | 新暦 |
| 7月16日 | 「立正安国論」提出 | 旧暦 |
| 8月23日 | 正嘉の大地震 | 旧暦 |
| 8月31日 | 「立正安国論」提出 | 新暦 |
| 9月12日 | 竜の口の法難 | 旧暦 |
| 10月9日 | 正嘉の大地震 | 新暦 |
| 10月10日 | 依智を発ち佐渡へ | 旧暦 |
| 10月12日 | 大御本尊を顕す | 旧暦 |
| 10月13日 | 入滅 | 旧暦 |
| 10月24日 | 竜の口の法難 | 新暦 |
| 11月1日 | 佐渡・塚原着 | 旧暦 |
| 11月11日 | 小松原の法難 | 旧暦 |
| 11月20日 | 依智を発ち佐渡へ | 新暦 |
| 11月21日 | 入滅 | 新暦 |
| 11月24日 | 大御本尊を顕す | 新暦 |
| 12月8日 | 小松原の法難 | 新暦 |
| 12月11日 | 佐渡・塚原着 | 新暦 |

## 日蓮が経験した元号の数

もう一つやっかいなものに元号《げんごう》があります。

たとえば、日蓮の生誕《せいたん》は「貞応《じょうおう》元年（一二二二年）二月十六日」とするのが通説でした。しかし、貞応という元号は四月十三日からなので、二月十六日だと承久《じょうきゅう》四年となるのです。ところが、誕生日を「承久四年（一二二二年）二月十六日」とする文献はあまりありません。圧倒的に貞応元年のほうが多いのです。

古来、年の途中で改元された場合、正月一日から新元号を用いる記述法は、『日本書紀』以降の「六国史《りっこくし》」が採《と》った方法です。それに対して菅原道真《すがわらのみちざね》は「六国史」の記事を類別して編纂《へんさん》した『類聚国史《るいじゅう》』で、改元の日より新年号を使用するという方法を採っています。

つまり、「貞応元年二月十六日」と記したのは「六国史」の表記法によっているということとになります。しかし、現代に生きる我々にとっては、やはり改元の前後で元号の表記を厳密《げんみつ》に立て分けるのが普通です。ですから、最近になって承久四年説が有力視されるようになってきています。

もっとやっかいなのは、日蓮六十年の生涯（一二二二年〜一二八二年）で元号が二十三回も変わっていることです。文応《ぶんおう》・弘長《こうちょう》・文永《ぶんえい》・建治《けんじ》・弘安《こうあん》という元号はよく聞く元号ですが、どういう順番になっているのかわかりにくいのも元号のもつ難点です。

そもそも元号は「大化《たいか》」から始まり、正式には「大宝《たいほう》」以降、「平成」までとぎれることなく続いています。その数は「大化」以来、二百三十一もあります。さらに、室町時代最初のころの南北朝時代は南朝・北朝の二つの朝廷が分裂し、それぞれ元号を発布していました。二百三十一に加えない北朝の元号は十五ありますから、元号の数は二百四十八にも及んでいるのです。

現在元号は、一九七九年に制定された元号法によって、皇位継承の時にかぎり改めることと、いわゆる天皇の一世一元《いっせいいちげん》となっていますが、昔はそれ以外にも改元がさかんに行われていました。

## 元号の平均の長さ

| 時代 | 元号数 | 元号の平均の長さ |
|---|---|---|
| 奈良 | 12 | 7.0年 |
| 平安 | 90 | 4.4年 |
| 鎌倉 | 48 | 2.9年 |
| 室町 | 33 | 7.3年 |
| 安土桃山 | 3 | 10.0年 |
| 江戸 | 35 | 7.6年 |
| 近現代 | 3 | 40.3年（平成は除く） |

時代をまたがる元号は後の時代に入れ、元号数を算出した。

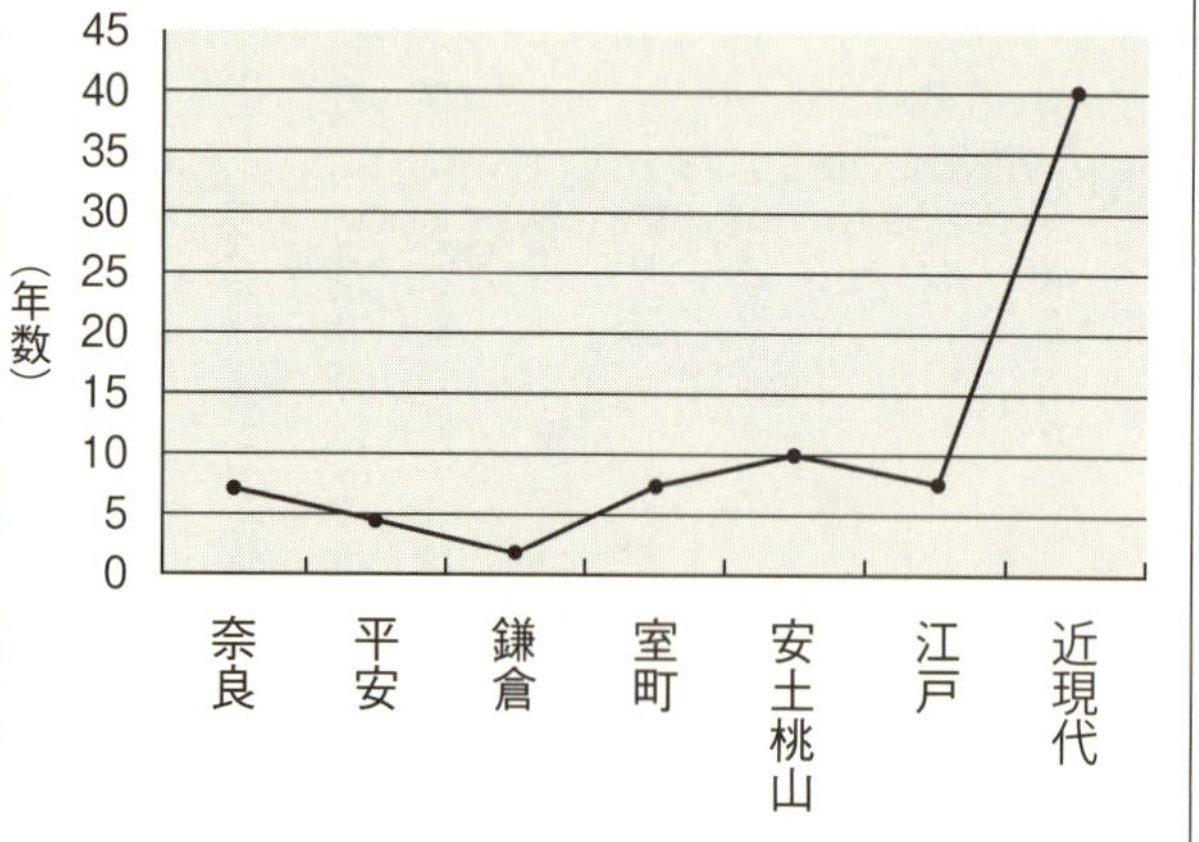

その元号の平均の長さを調べてみると、鎌倉時代が一番短命であったことがわかります。日蓮が経験した元号の数は二十四もあり、その平均の長さはわずか二・四年にすぎません。ですから、鎌倉時代のなかでも特に改元が頻発《ひんぱつ》した時期を生きたことになります。さらにいえば、日蓮の生誕（一二二二年）から正嘉《しょうか》の大地震を契機《けいき》にして「立正安国論」を幕府に提出した文応元年（一二六〇年）までの三十九年間では、元号の数は二十にも及びます。つまり、元号の平均の長さは二年にも満たなかったのです。実は、この期間が史上最密の「改元のラッシュアワー」に当たっていたのです。

# 日蓮在世中の短い元号の寿命

そもそも元号《げんごう》というのは、中国に倣《なら》ったもので、日本では平成の現在までずっと使用されています。しかし、中国では清《しん》の国が一九一一年に滅びると同時に元号を止《や》めてしまいました。したがって、元号が生き残っているのは日本だけです。

日本史の学習でも、歴史的出来事に元号の名前を付けるものが多くあります。日蓮が経験した元号では、承久《じょうきゅう》の乱、寛喜《かんぎ》の飢饉《ききん》、貞永式目《じょうえいしきもく》、宝治《ほうじ》の合戦、正嘉《しょうか》の大地震、文永《ぶんえい》の役《えき》、弘安《こうあん》の役などの出来事に使われています。

それでは、どうして元号は短期間で変わっていったのか。特に日蓮が生きた一二二二年から一二八二年の間に変わった二十三回の改元の理由を一覧表にしてみました。

## 日蓮在世中の改元の理由

| | | 改元の理由 | |
|---|---|---|---|
| 貞応（1222） | 改 4.13 | 代始め | 後堀河天皇即位 |
| 元仁（1224） | 改 11.20 | 災　異 | 天変災旱 |
| 嘉禄（1225） | 改 4.20 | 災　異 | 疱瘡・天下不静 |
| 安貞（1227） | 改 12.10 | 災　異 | 赤疱瘡流行 |
| 寛喜（1229） | 改 3.5 | 災　異 | 前年秋大風 |
| 貞永（1232） | 改 4.2 | 災　異 | 前年春飢饉 |
| 天福（1233） | 改 4.15 | 代始め | 四条天皇即位 |
| 文暦（1234） | 改 11.5 | 災　異 | 天変地震 |
| 嘉禎（1235） | 改 9.19 | 災　異 | 天変地震・京中疱瘡流行 |
| 暦仁（1238） | 改 11.23 | 災　異 | 螢惑変 |
| 延応（1239） | 改 2.7 | 災　異 | 変災 |
| 仁治（1240） | 改 7.16 | 災　異 | 旱魃・彗星 |
| 寛元（1243） | 改 2.26 | 代始め | 後嵯峨天皇即位 |
| 宝治（1247） | 改 2.28 | 代始め | 後深草天皇即位 |
| 建長（1249） | 改 3.18 | 災　異 | 閑院内裏火災 |
| 康元（1256） | 改 10.5 | 災　異 | 赤斑瘡流行 |
| 正嘉（1257） | 改 3.14 | 災　異 | 太政官庁焼亡 |
| 正元（1259） | 改 3.26 | 災　異 | 飢饉・疫病流行 |
| 文応（1260） | 改 4.13 | 代始め | 亀山天皇即位 |
| 弘長（1261） | 改 2.20 | 革　年 | 辛酉の年 |
| 文永（1264） | 改 2.28 | 革　年 | 甲子の年 |
| 建治（1275） | 改 4.25 | 代始め | 後宇多天皇即位 |
| 弘安（1278） | 改 2.29 | 災　異 | 疾疫流行 |

（『年号の歴史《増補版》』雄山閣〈1996 年〉を参照）

朝廷が改元を決定するので、基本的には畿内《きない》を中心とした出来事が改元の理由になっていますが、代始《だいはじ》めや革年《かくねん》（甲子《きのえね》と戊辰《つちのえたつ》と辛酉《かのととり》の年をいう。大きな変化が起こる年とされていた）を除けば、二十三回中、十五回がすべて自然災害や疫病《えきびょう》・飢饉《ききん》・天変などの災異《さいい》を改元の理由としていることは注目に値《あたい》します。

この改元の理由は鎌倉時代だけが特別というものではなく、奈良・平安時代もほぼ同じです。しかし、それにしてもこれほど短期間の改元の繰り返しは、異常というほかありません。いかにこの時代の上下万民が不安のただ中にあったのか、それは現代の我々の想像を超える深刻さであったことを物語っているといえるでしょう。

日蓮は正嘉《しょうか》の大地震について何度も言及していますが、この正嘉も正元《しょうげん》に改元されたのは災異によるものでした。『五代帝王物語』に「春比《ごろ》より世の中に疫癘《えきれい》おびただしくはやりて、下臈《げろう》どもはやまぬ家なし。川原などは路もなき程《ほど》に死骸《しがい》みちて、浅《あさ》ましき事にて侍《はべ》りき。崇神《すじん》天王の御代《みよ》、昔の例にも劣らずやありけん。飢饉《ききん》もけしからぬ事にて、諸国七道の民おほく死亡せしかば、三月廿六日《にじゅうろく》日改元ありて正元と改《あらたま》る」（『六代勝事記・五代帝王物語』三弥井書店・二〇〇〇年、一三二頁）とあるように、日蓮在世当時の頻発《ひんぱつ》する災難の様相《ようそう》がいかに苛酷《かこく》なものであったのかが伝わってきます。

日蓮は自身の生きた時代を「末法」と表現し、繰り返し強調していますが、それは人々の危機感を煽《あお》るためでもなければ押しつけるためでもありません。

改めて「立正安国論」の冒頭の一節をかみしめてください。

「旅客《りょきゃく》来《きた》りて嘆《なげ》いて曰《いわ》く近年より近日《きんじつ》に至《いた》るまで天変地夭《てんぺんちよう》・飢饉《ききん》疫癘《えきれい》・遍《あまね》く天下に満ち広く地上に迸《はびこ》る牛馬巷《ちまた》に斃《たお》れ骸骨路《がいこつみち》に充《み》てり死を招《まね》くの輩《ともがら》既《すで》に大半に超《こ》え悲《かな》しまざるの族《やから》敢《あえ》て一人も無し」(『御書』一七頁)。

鎌倉では、いたるところに牛馬が倒れ、骸骨が満ちあふれ、今にも死にそうな人たちが半数を超えているというのです。これはけっして誇張《こちょう》した表現ではなく、日蓮が目《ま》の当たりにした鎌倉の光景を記したのです。これこそ「末法」そのものだと実感したのは、日蓮だけでなく、上下万人が抱《いだ》いた共通認識だったのです。

# Ⅳ 鎌倉時代の政治と社会

## 鎌倉時代の官職と位階

平安時代の後半から鎌倉時代にかけて、めまぐるしい政権交代が行われ、武士の時代が確立されていきました。権力者は官職と位階《いかい》を朝廷から受け、肩書きの上でも頂点に立とうとしていたのです。

平清盛《たいらのきよもり》は太政大臣《だいじょうだいじん》、従一位《じゅいちい》まで登りつめ、源頼朝《みなもとのよりとも》は征夷大将軍《せいいたいしょうぐん》、正二位《しょうにい》に達しました。以下、源氏《げんじ》では第二代征夷大将軍の頼家《よりいえ》は従二位《じゅにい》の位階を受け、第三代の実朝《さねとも》に至《いた》っては官職は征夷大将軍を超えて右大臣《うだいじん》に任官し、位階も正二位になっており、官職上では父・頼朝を超えています。

ところが源氏三代のあと政権を担《にな》った北条氏では、頼朝の妻の北条政子《ほうじょうまさこ》の従二位は例外で、あとはだれ一人、三位《さんみ》以上になった者はいなかったのです。

## 北条氏の歴代執権・連署の最終位階

（9代まで、数字は死去年齢）

| | 歴代執権 | | | 連署 |
|---|---|---|---|---|
| 1 | 時《とき》政《まさ》 | 78 | 従五位下 | |
| 2 | 義《よし》時《とき》 | 62 | 従四位下 | |
| 3 | 泰《やす》時《とき》 | 60 | 正四位下 | 時房《ときふさ》 66 正四位下 |
| 4 | 経《つね》時《とき》 | 23 | 正五位下 | |
| 5 | 時《とき》頼《より》 | 37 | 正五位下 | 重時《しげとき》 64 従四位上 |
| 6 | 長《なが》時《とき》 | 35 | 従五位上 | 政村 |
| 7 | 政《まさ》村《むら》 | 69 | 正四位下 | 時宗 |
| 8 | 時《とき》宗《むね》 | 34 | 正五位下 | 政村、義政《よしまさ》40 従五位下、業時《なりとき》47 正五位下 |
| 9 | 貞《さだ》時《とき》 | 41 | 従四位上 | 業時、宣時《のぶとき》86 従四位下 |

この上の表からわかることは、四位《しい》になったのは九代目執権《しっけん》の貞時《さだとき》以外はすべて六十歳を超えており、時頼《ときより》や時宗《ときむね》などの実力者であっても、三十代で死去した場合は五位止まりになっていることです。つまり、北条氏にとって位階は年功序列であり、たいした意味はなかったのです。初代の時政《ときまさ》に至っては、七十八歳という高齢にもかかわらず従五位下《じゅごいげ》にすぎません。

したがって、北条氏は官職・位階にはさほど関心がなく、鎌倉幕府の長として名ばかりの将軍を立て、むしろ執権として実質的な権力を握ることをめざした

## 鎌倉時代における官職の4つの階級
=四等官（漢字表記が違う）

| | 長官（かみ） | 次官（すけ） | 判官（じょう） | 主典（さかん） |
|---|---|---|---|---|
| 太政官《だいじょうかん》 | 太政大臣<br>左大臣<br>右大臣 | 大中納言 | 弁<br>少納言 | 史<br>外記 |
| 省 | 卿 | 輔 | 丞 | 録 |
| 衛門府《えもんふ》<br>兵衛府《ひょうえふ》<br>検非違使《けびいし》 | 督 | 佐 | 尉 | 志 |
| 国司《こくし》 | 守 | 介 | 掾 | 目 |

のです。実はこの執権という立場は、天皇の任命によるものではないことが重要な意味をもっています。二代執権・義時《よしとき》は承久《じょうきゅう》の乱（一二二一年）で後鳥羽《ごとば》・土御門《つちみかど》・順徳《じゅんとく》という三人の元天皇である上皇《じょうこう》を流罪にして、その権力は完全に朝廷を超えたのですが、高い官位を求めることはありませんでした。あえて執権であり続け、朝廷と距離を置いて政権を維持していくことを優先したからなのです。

さてこの官職・位階ですが、もちろん武家社会のなかでは一定の社会的ステータスを示すものとして機能していました。例えば四《し》条金吾《じょうきんご》の場合、その正式名は四条中務《なかつかさ》三郎左衛門尉頼基《ざえもんのじょうよりもと》ですが、このうち中務は太政官《だいじょうかん》のもとにある八省のうちの一つの名であり、左衛門とは内裏《だいり》の警護をする衛門府《えもんふ》（左と右があった）からとったものであり、尉《じょう》とはその衛門府の中における四つの階級、督《かみ》・佐《すけ》・尉《じょう》・志《さかん》の三番目に当たります。これを四等官《しとうかん》といい、役所によって用いられる漢字が違っていました。官職の四つの階級は前頁の表の通りですが、読み方はあくまで順番に「かみ・すけ・じょう・さかん」となります。

また、官職の左衛門尉は位階では従六位下《じゅろくいげ》に当たり、当時館《やかた》を構え、所領・所従をもつ武家はだいたい従六位相当でした。兵衛尉《ひょうえのじょう》は衛門尉より格はすこし下になりますが、任官して従六位下となったようです。いずれにしても左衛門尉は鎌倉の武士にとって一人前の武士の証《あかし》ともいうべき官職でもあったのです。あの平左衛門尉頼綱《よりつな》でさえ左衛門尉にすぎません。

一三五頁の表のようにトップクラスの北条氏が四位・五位である以上、北条の家臣である平頼綱が従六位左衛門尉を超えることはむずかしいことだったのです。日蓮の在世中は左衛門尉に甘《あま》んじていた平頼綱は日蓮滅後、北条本家の得宗《とくそう》の威《い》を借りて絶大な権力を握ることになりますが、平禅門《へいぜんもん》の乱（一二九三年）で敗《やぶ》れ、一族もろとも壊滅《かいめつ》しました。

# 鎌倉時代の征夷大将軍

次頁の表のように、征夷大将軍《せいいたいしょうぐん》は鎌倉時代を通して九代にわたりずっと存在していま
す。源氏《げんじ》三代の頼朝《よりとも》・頼家《よりいえ》・実朝《さねとも》はよく知られていますが、あとの六人は名ばかりでほと
んど権限をもたないお飾《かざ》りの将軍だったため、あまり知られていないのです。
源氏三代ののち、幕府では実質的な最高権力者は北条の執権《しっけん》・連署《れんしょ》ですが、名目上《めいもくじょう》はあ
くまでも征夷大将軍でした。征夷大将軍は三位《さんみ》以上の人が就《つ》き政所《まんどころ》を開設できます。し
たがって幕府政所は将軍の政所であって、北条氏の政所ではありませんでした。
ですから、幕府の公式文書である「政所下文《くだしぶみ》」や「鎌倉将軍家御教書《みぎょうしょ》」は将軍の意
を受けて、実質的には北条の執権や連署が発給する形式をとっています。
北条体制の第四代から九代の将軍のうち、四代・五代は藤原摂関《せっかん》家から迎えたので摂《せっ》

## 鎌倉時代における征夷大将軍

| 代 | 区分 | 将軍名 | 就任期間 | 在職の年齢 | 父 |
|---|---|---|---|---|---|
| 1 | 源氏 | 源　頼朝《よりとも》 | 1192. 7 – 1194. 10 | 46-48 歳 | 源　義朝《よしとも》 |
| 2 | 〃 | 源　頼家《よりいえ》 | 1202. 7 – 1203. 9 | 21-22 歳 | 源　頼朝 |
| 3 | 〃 | 源　実朝《さねとも》 | 1203. 9 – 1219. 1 | 12-28 歳 | 源　頼朝 |
| 4 | 摂家 | 九条頼経《よりつね》 | 1226. 1 – 1244. 4 | 2-27 歳 | 九条道家《みちいえ》 |
| 5 | 〃 | 九条頼嗣《よりつぐ》 | 1244. 4 – 1252. 3 | 6-14 歳 | 九条頼経 |
| 6 | 親王 | 宗尊《むねたか》親王 | 1252. 4 – 1266. 7 | 11-25 歳 | 後嵯峨《ごさが》天皇 |
| 7 | 〃 | 惟康《これやす》親王 | 1266. 7 – 1289. 9 | 3-26 歳 | 宗尊親王 |
| 8 | 〃 | 久明《ひさあき》親王 | 1289.10 – 1308. 8 | 14-33 歳 | 後深草《ごふかくさ》天皇 |
| 9 | 〃 | 守邦《もりくに》親王 | 1308. 8 – 1333. 5 | 8-33 歳 | 久明親王 |

（源頼朝は 1194 年に征夷大将軍職を朝廷に返上している。そのため 8 年間空位になっている）

家《け》将軍、六代から九代は天皇家から迎えたので親王《しんのう》将軍といいます。大半が幼少で将軍となり、いずれも青年期に交替させられていました。

北条氏としては、あまり長く将軍をやらせていると、いろいろまつりごとに口を挟《はさ》み、面倒《めんどう》なことになると考えていたのでしょう。それでも幕府は朝廷が公認している存在であるという大義名分《たいぎめいぶん》が必要不可欠であったため、お飾り将軍が続いていたのです。

# 竜の口の法難の時の〝閻僚名簿〟

鎌倉時代の幕府評定衆《ひょうじょうしゅう》の名簿は、嘉禄《かろく》元年（一二二五年）から弘安《こうあん》七年（一二八四年）まで「関東評定衆伝」という記録で残っています。ほぼ日蓮の在世中と重なっているので、貴重な史料です。ここから竜の口の法難時点での評定衆と引付衆《ひきつけしゅう》の名簿を作成してみました。

強《し》いて言うなら、執権《しっけん》は今の総理大臣、連署《れんしょ》は副総理、評定衆は大臣クラス、引付衆は副大臣クラスというところです。幕府の重要な役所は侍所《さむらいどころ》（軍事・刑事裁判などを管轄《かんかつ》）・政所《まんどころ》（政務・庶務などをつかさどる）・問注所《もんちゅうじょ》（訴訟と民事裁判を管轄）の三所がありますが、それぞれのトップは侍所別当《べっとう》（長官）・政所別当・問注所執事《しつじ》でした。侍所別当・政所別当は執権時宗《ときむね》が兼任し、ナンバー2に当たる侍所所司《しょし》（役人）は平左衛門尉頼綱《へいのさえもんのじょうよりつな》が担《にな》って

## 竜の口の法難（文永8年9月）の時点での幕府評定衆・引付衆名簿

| | | | | |
|---|---|---|---|---|
| 執権 | 北条時宗《ときむね》 21 | 従五位下 相模守《さがみのかみ》 | | |
| 連署 | 北条政村《まさむら》 67 | 正四位下 | | |
| | 評定衆 | | 引付衆 | |
| | ×北条時章《ときあきら》 57 | 従五位上？ 一番 | 北条公時《きみとき》 37 | 従五位下？ |
| | 北条実時《さねとき》 48 | 従五位上 二番 | 北条業時《なりとき》 31 | 従五位下 |
| | 北条時広《ときひろ》 51 | 従五位上 四番 | 北条宣時《のぶとき》 34 | 従五位下 武蔵守《むさしのかみ》 |
| | ×北条教時《のりとき》 37 | 従五位上 遠江守《とおとうみのかみ》 | 北条顕時《あきとき》 24 | 従五位下？ |
| | 北条義政《よしまさ》 34 | 従五位下 三番 駿河守《するがのかみ》 | 安達景綱《あだちかげつな》 ？ | 従五位下？ 下野守《しもつけのかみ》 |
| | 北条時村《ときむら》 58 | 従五位下 | 伊賀光政《いがみつまさ》 ？ | 従五位下？ 山城守《やましろのかみ》 |
| | 安達泰盛《やすもり》 41 | 従五位下？ 五番 | 二階堂行清《ゆききよ》 43 | 従六位左衛門尉 |
| | 大江時秀《ときひで》 ？ | 従五位上？ | 二階堂行章《ゆきあき》 37 | 従六位左衛門尉 |
| | 二階堂行綱《ゆきつな》 56 | 従五位下 政所執事《まんどころしつじ》 | 安達顕盛《あきもり》 27 | 従六位左衛門尉 |
| | 源 氏信《うじのぶ》 ？ | 正六位？ | 二階堂行佐《ゆきすけ》 34 | 従六位左衛門尉 |
| | 二階堂行忠《ゆきただ》 52 | 正六位？ | 大曽根長経《ながつね》 40 | 従六位左衛門尉 |
| | 二階堂行有《ゆきあり》 52 | 従五位下 | 三善政康《まさやす》 73 | 従五位下 |
| | 三善倫長《ともなが》 62 | 従五位下？ | 三善倫経《ともつね》 ？ | 六位 |
| | 安達時盛《ときもり》 40 | 従六位 左衛門尉《さえもんのじょう》 | 中原親致《ちかむね》 ？ | 六位 |
| | 三善康有《やすあり》 52 | 従六位 問注所執事《もんちゅうじょしつじ》 | | |

表中の一番から五番は評定衆・引付衆を五つに分けたそれぞれの頭人を指す
数字は年齢を、×は二月騒動で誅殺された評定衆を指す

いましたが、格下であるため評定衆に入っていません。

政所執事（政所の次官）は評定衆の二階《にかい》堂《どう》行《ゆき》綱《つな》が兼任し、問注所執事は評定衆の三《み》善《よし》康《やす》有《あり》が兼任しています。ですからこの表は、文永八年時点の幕府の閣僚名簿といってもいいでしょう。

そして幕府の最高決定機関の面々であり、執権と連署を中心とした集団指導体制で重要審議《しんぎ》事項が決定されていたのでした。

法律の面でも御成敗式目《ごせいばいしきもく》を制定し、それに基づいた公平な裁断が行われていました。ところが、文永期の後半ごろからは北条本家のトップ（得宗《とくそう》という）とその取り巻きの重臣だけですべてを決めていく専制的《せんせいてき》な政治に変わっていきました。

これを得宗専制政治といいます。得宗専制政治の萌芽《ほうが》は八代目の時宗《ときむね》の父・時頼《ときより》が、時宗がまだ幼少のため、六代、七代と中継ぎの執権を北条分家から任命し、時頼は最高権力者として君臨《くんりん》していたことにあります。日蓮が「立正安国論《りっしょうあんこくろん》」を時頼に提出した理由もここにあります。八代目の時宗は十八歳で執権になったため、最初は分家の政村《まさむら》、時章《ときあきら》、実時《さねとき》や有力御家人《ごけにん》の安達泰盛《あだちやすもり》らの重鎮《じゅうちん》に支えられていました。しかし、文永十年（一二七三年）、政村が死去したころから得宗専制政治を強化していきます。

本格化するのは九代目の貞時《さだとき》の時代で、安達泰盛や平頼綱が滅びると、独断政治を展開しました。集団指導的な執権政治から独断的な得宗専制政治への移行は、北条分家も御家人もないがしろにし、「御成敗式目」も遵守《じゅんしゅ》されず、幕府滅亡の要因となったのです。

## 日蓮の天皇についての記述

日蓮が生きた時代も鎌倉幕府の名目上《めいもくじょう》のトップである征夷大将軍《せいいたいしょうぐん》には、藤原氏摂関《せっかん》家や天皇家の子供が赴任《ふにん》しますが、実質的には北条の執権による政治が行われていました。執権という立場は征夷大将軍や太政大臣《だいじょうだいじん》と違い天皇の任命によらない立場だったので、天皇に遠慮する必要がなかったのです。しかし、天皇は日本の国王として認識されており、鎌倉幕府の時代とはいえその影響力は無視できないものがありました。日蓮は御書の中で、天皇について多く言及しています。「和漢王代記《わかんおうだいき》」の真蹟《しんせき》では最後の一紙が欠けているものの、初代神武《じんむ》天皇から第五十三代淳和《じゅんな》天皇まで列記されています。中世から近世にかけて権力者の変遷《へんせん》をみると、平清盛《きよもり》―源頼朝《よりとも》―北条氏―足利《あしかが》氏―織田《おだ》―豊臣《とよとみ》―徳川《とくがわ》と武家の政権交代が続きますが、天皇はずっと存在し続け、滅ぼされることはありませんでした。これは日本史の特徴ともいえますが、権威をもつ天皇と、権力を握《にぎ》る武家が相互依存しながら日本を統治していく体制が維持されていたことがわかります。この点は、皇帝が変わると国の名前まで変わってしまう中国とは大きな違いがあります。隋《ずい》、唐《とう》、宋《そう》、元《げん》、明《みん》、清《しん》と国名が変わる中国に対して日本は日本であり続けたのです。

日蓮は、「日本第一の法華経の行者」「日本第一の智者」というなど「日本」という国名を多用していますが、鎌倉時代に日蓮ほど「日本」を意識した人は見当たりません。

その「日本」の権威的存在として天皇が存続しますが、朝廷のなかでも権威と権力が二分していました。いわゆる院政が行われ、もと天皇である太上天皇《だいじょうてんのう》(略して上皇《じょうこう》)が院政を敷《し》き、若い天皇は名目的存在として権力の蚊帳《かや》の外に置かれていました。日蓮在世中の天皇の即位年齢をみても十歳以下で天皇になったのは四人、十代では三人と、非常に若かったのです。つまり、朝廷内でも権威的存在である天皇を表に立てながらも、権力は上皇が握っているのが実態だったのです。日蓮が生まれる以前の権力者は、後白河《ごしらかわ》上皇であり、後鳥羽《ごとば》上皇でした。これを「後白河院」「後鳥羽院」といい、御書にもこの表現がありますが、「後白河天皇」「後鳥羽天皇」とはいいません。

## 日蓮在世ごろの太上天皇と天皇

| 太上天皇 | 在位 | 天皇 |
|---|---|---|
| 後鳥羽《ごとば》上皇 | 1198 ~ 1221 | 83 土御門《つちみかど》天皇、84 順徳《じゅんとく》天皇、 |
| | | 85 仲恭《ちゅうきょう》天皇 |
| 後高倉《ごたかくら》上皇 | 1221 ~ 1223 | 86 後堀河《ごほりかわ》天皇 |
| 後堀河上皇 | 1232 ~ 1234 | 87 四条《しじょう》天皇 |
| 後嵯峨《ごさが》上皇 | 1246 ~ 1272 | 89 後深草《ごふかくさ》天皇、90 亀山《かめやま》天皇 |
| 亀山上皇 | 1274 ~ 1287 | 91 後宇多《ごうだ》天皇 |

（88代は後嵯峨天皇で、太上天皇はいない）

ただ、八十一代の安徳《あんとく》は「安徳天皇」として御書に記されています。安徳天皇は、平家滅亡の時、壇《だん》ノ浦《うら》で海の中に沈み死んでいきますが、そのような非業《ひごう》の死を遂《と》げた天皇の場合のみ「徳」の一字を用いた諡号《しごう》が贈られたため、当時から安徳天皇と呼ばれていたのです。諡号はいわゆる諡（おくりな）で、生前の行いを讃《たた》えた名前をいいます。ところが、これは例外で、一般にこの時代の天皇に贈られたのは諡号ではなく追号《ついごう》なのです。追号はたんに死後に贈られた名前で、必ず「〇〇院」と呼ばれました。

初期の日蓮伝である「三師御伝土代《さんしごでんどだい》」と

「法華《ほっけ》本門《ほんもん》宗要抄《しゅうようしょう》」に次のような一節があります。「後のほりかわのいんの御宇《ぎょう》貞応《じょうおう》元年二月十六日たんしやう」「日本人王八十五代後堀河《ごほりかわ》院御宇貞応元年　壬午《みずのえうま》二月十六日　午《うまの》剋《こく》生」。

　この時、後堀河は天皇であって院ではありません。この時（一二二二年）、院すなわち上皇は後高倉《ごたかくら》であり、ここでの「後堀河院」という表現は、院政を敷く太上天皇を意味していないのです。天皇が逝去したのち追号として付いた「後堀河院」の意味であり、天皇と同義なのです。「〇〇天皇」という呼び方は六十二代村上《むらかみ》天皇までで、それ以後江戸後期の後桃園《ごももぞの》までは追号として「〇〇院」と称されていたのです。御書でも「〇〇天皇」という表記は「村上天皇」（「八幡宮造営事」『御書』一一〇五頁）が最後で、それ以降の天皇は「安徳天皇」以外には出てきません。御書では安徳天皇の父・高倉《たかくら》天皇のことを「高倉院」（「神国王御書」同一五一八頁）と記しています。したがって、ここでいう「後堀河院」とは「後堀河天皇」に他なりません。

　ここでもう一つ問題にしたいのは、「法華本門宗要抄」の「日本人王八十五代後堀河院」にある八十五代という王代の数え方です。現在では後堀河は八十六代になっていますが、当時はその前の天皇であった仲恭《ちゅうきょう》が除歴《じょれき》されたので「八十五代後堀河」という数え方は正しいようにみえます。しかし、日蓮の王代の数え方は仲恭を八十五代、後堀河は八十六代として数えているのです。「法華本門宗要抄」は一三五〇年ごろに成立した偽書《ぎしょ》ですが、ここからも偽書であることが追認されます。

日蓮は晩年の天皇を九十一代として数えています。「我が朝人王・九十一代の間に」（「新池殿御消息」同一四三七頁）、「人王始まりて九十余代」（「日女御前御返事」同一二四八頁）とあり、これは後宇多《ごうだ》天皇を指しています。後宇多を九十一代とすれば、さかのぼって後堀河は八十六代、仲恭は八十五代になることは明らかです。

仲恭の除歴が広く認識されるのは十四世紀になってからで、日蓮の生きた十三世紀の段階の文献では除歴を明確にいう文書はほとんどありません。仲恭は明治三年に仲恭天皇という追号が贈られ八十五代として歴代に加えられるのですが、一二二一年の承久の乱の戦後処理で廃され、その段階で除歴されたと考えられていました。しかし、日蓮の在世中は八十五代として加歴されていたことが御書の表現からわかってきたのです。

## 御書に見る、あるべき政治家像

日蓮の御書を読んでいくと、同時代に生きた政治権力者の名前が多数出てきます。また、内乱や蒙古《もうこ》襲来などの政治的事件に対する言及も多く見られます。

いかに日蓮が社会の動向に強い関心をもっていたかがわかります。そして、あるべき政治家像についてさまざまに言及しています。

日蓮が期待する政治家像、十か条を次頁にまとめてみました。もちろんこれらの文言《もんごん》は、その時の背景、前後の脈絡《みゃくらく》も踏まえる必要がありますが、ここでは政治を担当する者への日蓮の要求が多岐《たき》にわたっていることがわかっていただければよいと思います。

これらは現実の為政《いせい》に対する深い関心を生涯持ち続けていることをうかがわせるものであり、それはそのまま日蓮の特質にもなっています。政治のありようは、直接人々の生活

## 日蓮が期待する政治家像、十か条

①うそをつかない「王と申すは不妄語《ふもうご》の人」（「諫暁八幡抄《かんぎょうはちまんしょう》」『御書』五八七頁）

②福徳がある「福徳の王臣」（「下山御消息」同三五二頁）

③讒言《ざんげん》にまどわされない「国主は…諸人の讒言を・をさめて一人の余〈=日蓮〉をすて給う」（「神国王御書」同一五二四頁）

④両方の意見を聞け「王両方を聞《きき》あきらめて勝れ給う智者を師とせしかば国も安穏なり」（「妙法比丘尼御返事」同一四一二頁）

⑤理を親とし非を敵とせよ「国主は理を親とし非を敵とすべき」（「神国王御書」同一五二四頁）

⑥身を滅ぼしても虚事《そらごと》をしない「賢王となりぬれば・たとひ身をほろぼせどもそら事せず」（「南条殿御返事」同一五二九頁）

⑦臣下よりも人をたすけ「国王は臣下よりも人をたすくる人」（「唱法華題目抄」同九頁）

⑧民衆のなげきを知れ「三悪の身を受けんこと…国主と成つて民衆の歎きを知らざる」（「守護国家論」同三六頁）

⑨子細《しさい》を聞け「賢なる国主ならば子細を聞き給うべき」（「下山御消息」同三五七頁）

⑩万民の手足たれ「万民の手足為《た》り」（「平左衛門尉頼綱《よりつな》への御状」同一七一頁）

に影響をもたらします。為政者の姿勢如何《いかん》が民衆の幸・不幸を大きく左右するのです。日蓮は「一人まつり事《ごと》をだやかならざれば万民苦をなすがごとし」（真蹟断簡《しんせきだんかん》）と為政者の影響力を強く認識しています。民衆の安穏《あんのん》を第一義に考える日蓮であるからこそ政治の動向を見据《みす》え、監視の目を光らせていくことを、必然的な行為としてとらえられたのです。

政治と宗教を比較する場合、人の不幸の外的要因を取り除くのが政治の役割であり、内的要因を取り除くのが宗教の使命という位置づけが可能です。内的要因は、自分自身の心のあり方を直視し、信仰による安穏の獲得が図《はか》られますが、外的要因の除去については為政者の善政によって解決されることも多いのです。特に現実の災禍《さいか》に喘《あえ》ぐ人々にとって緊要《きんよう》なのは日常生活の維持《いじ》でした。それを満たす上で、政治の責務はまことに大きいといえます。日蓮が為政者に対して多言《たげん》しているのは、それだけ政治の影響力の大きさを深く認識していたからに他なりません。日蓮の中では政治と宗教の目的は、民の安穏という一点において完全に一致していたのです。

したがって、宗教者として時の政治に関心をもち、よりよき政治が実現されるように行動することは当然であり、むしろ宗教者の義務であるというべきなのです。

# 御書に見る葬送儀礼

御書を読んでいくと法事に関する表現が散見《さんけん》できますが、けっしてその数は多くありません。御書からすべて挙《あ》げても、次頁の表のように七人の門下の法事だけです。四十九《しじゅうく》日《にち》、百箇日《ひゃっかにち》、三回忌《き》、十三回忌は門下がそれに合わせて師・日蓮に供養したことに対するお礼として出てくるものです。そこでは亡き父母、子供への追善回向《ついぜんえこう》はめでられていますが、法事の励行《れいこう》を勧めるような表現はありません。初七日《しょなのか》、二七日《ふたなのか》については「刑部左衛《ぎょうぶさえ》門尉《もんのじょう》女房御返事」に「死し給《たま》いてより後は初七日より二七日乃至《ないし》第三年までは人目の事なれば形《かた》の如《ごと》く問い訪《とぶら》ひ候《そうら》へども・十三年・四千余日が間の程《ほど》は・かきたえ問う人はなし」（『御書』一三九九頁）と、法事は人目を気にして型どおりやっているようだけれど十三回忌ともなると弔《とむら》う人もいないと記しています。法事は世間の風習としては定着している

## 御書に見る葬送儀礼

| | | |
|---|---|---|
| 初七日 | ○ | |
| 二七日 | ○ | |
| 三七日 | × | |
| 四七日 | × | |
| 三十五日 | × | |
| 六七日 | × | |
| 四十九日 | ◎ | 南条七郎五郎 |
| 百箇日 | ◎ | 南条七郎五郎、内房女房父 |
| 一周忌 | × | |
| 第三年 | ◎ | 四条金吾母、富木常忍母 |
| 第七年 | × | |
| 十三年 | ◎ | 曾谷教信父、千日尼父、刑部左衛門女房 |

◎は記述あり　○は法事の名前だけあり　×は御書になし

ものの、ずいぶん形式化していることが伝わってきます。

また盆《ぼん》と彼岸《ひがん》については「盆料」（「四条金吾殿御返事」同一一一一頁）と記され、「彼岸」は御本尊に記されていますから、風習として存在したことがわかります。なお盆は中国からの移入ですが、彼岸は日本独自の儀礼《ぎれい》です。

門下の葬式については御書には見当たりません。また葬儀や法事で僧を派《は》遣《けん》するよう門下が要請《ようせい》している箇所も皆無《かいむ》です。さらに回向《えこう》の最良の方法が塔婆《とうば》供養であるという表現もありません。塔婆については「中興入道《なかおき》消

息」に

「去《みまかり》ぬる幼子《おさなご》のむすめ《娘》御前《ごぜ》の十三年に丈六《じょうろく》のそとば《卒堵波》をたてて其《そ》の面《おもて》に南無妙法蓮華経の七字を顕して・をはしませば、北風吹けば南海のいろくづ《魚族》其の風にあたりて大海の苦をはなれ・東風きたれば西山の鳥鹿・其の風を身にふれて畜生道《ちくしょうどう》をまぬかれて都率《とそつ》の内院に生《うま》れん、況《いわん》や・かのそとばに随喜《ずいき》をなし手をふれ眼に見まいらせ候《そうろう》人類をや、過去の父母も彼のそとばの功徳によりて天の日月の如《ごと》く浄土をてらし・孝養の人並びに妻子は現世には寿《いのち》を百二十年持《たも》ちて後生には父母とともに霊山《りょうぜん》浄土にまいり給《たま》はん事・水すめば月うつり・つづみ《鼓》をう《打》てば・ひびき《響》のあるがごとしと・をぼしめし候へ等云云《うんぬん》、此《こ》れより後後の御そとばにも法華経の題目を顕し給へ」（同一三三四～一三三五頁）とあります。

佐渡の中興入道が娘の十三回忌に塔婆（お墓）を建てたことを聞いた師・日蓮がめでている内容ですが、よく読むとほめた理由は、塔婆を建てたことより、そこに南無妙法蓮華経の七文字を記したことにあることがわかります。ですから、最後の「此れより後後の御そとばにも法華経の題目を顕し給へ」という一節に、日蓮の塔婆についての基本的考えが表明されています。ここには十三回忌の法要のことが書いてありませんが、どうやら門下の中興入道が中心になって執《と》り行ったようで、僧の存在はうかがえません。

もとより日蓮が強調したのは、生前の信心がどうであったのかが第一義であり、死後の葬式・法事は二義的な問題として位置づけています。

「されば過去の慈父尊霊《じふそんりょう》は存生《ぞんしょう》に南無妙法蓮華経と唱へしかば即身成仏の人なり」（「内房女房御返事」同一四二三頁）というように、また「故聖霊《こしょうりょう》は此の経の行者なれば即身成仏疑いなし」（「上野殿後家尼御返事」同一五〇六頁）とあるように生前の信心の実践《じっせん》如何《いかん》で成仏が決まると説いています。

そして、「其の親の跡をつがせ給いて又此の経を御信用あれば・故聖霊いかに草のかげにても喜びおぼすらん」（「上野殿御返事」同一五〇八頁）と記され、亡き父母が一番喜ぶことは、りっぱな葬式・法事を執り行うことよりも、親から受けた信心を貫《つらぬ》くことであると言っています。

どこまでも生きている時の信心、親から受けた信心の継承を第一義として、信仰に励《はげ》むことが功徳につながり、先祖に対する最高の孝養《こうよう》であり追善《ついぜん》になるという考えを基本に葬送儀礼をとらえていくことが大事なのです。

# 数字に見る鎌倉時代の日本

御書は当時の日本の国勢を知る上で、第一級の史料的価値があります。

秋元太郎に与えた消息には

「抑《そもそも》日本国と申すは十の名あり・扶桑《ふそう》・野馬台《やまと》・水穂《みずほ》・秋津洲《あきつしま》等なり、別しては六十六箇国・島二つ・長さ三千余里広さは不定《ふじょう》なり、或《あるい》は百里・或は五百里等、五畿《き》・七道・郡は五百八十六・郷は三千七百二十九・田の代《しろ》は上田一万一千一百二十町・乃《ない》至《し》八十八万五千五百六十七町・人数は四十九億八万九千六百五十八人なり、神社は三千一百三十二社・寺は一万一千三十七所・男は十九億九万四千八百二十八人・女は二十九億九万四千八百三十人なり」(『御書』一〇七二頁)とあります。

ここには順に、日本国の別名、長さと幅、畿内と七つの道、国郡郷という地方行政単位

## 五畿七道

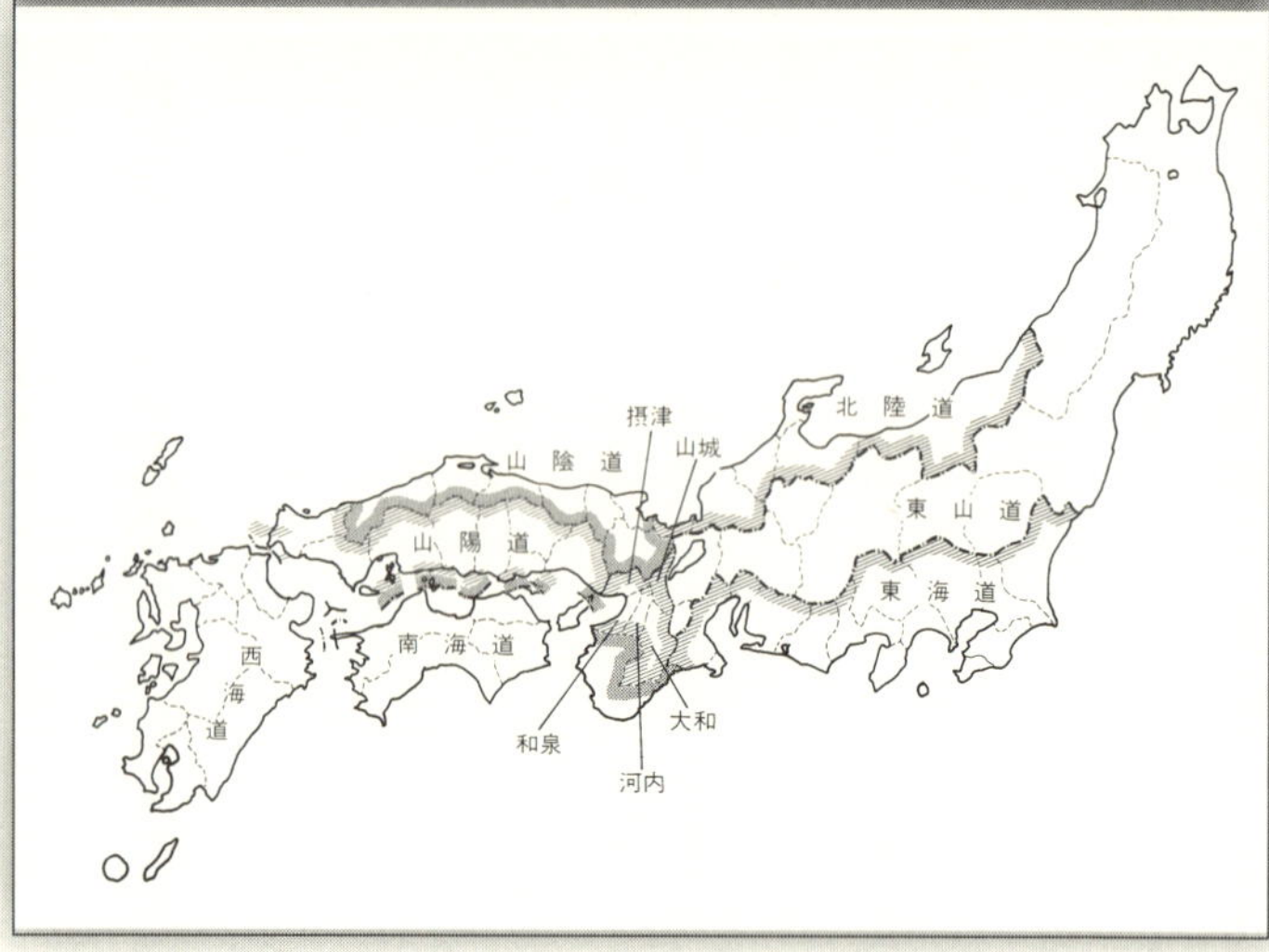


の数、田の総数、男女別の人口、神社・寺院の数などが示されています。

また「神国王御書」では「日本国を亦水穂《またみずほ》の国と云《い》い亦野馬台《やまと》又秋《あき》津《つ》島《しま》又扶桑《ふそう》等云云《うんぬん》、六十六ケ国・二つの島已上・六十八ケ国・東西三千余里・南北は不定なり、此の国に五畿《き》・七道あり・五畿と申すは山城《やましろ》・大和《やまと》・河内《かわち》・和泉《いずみ》・摂津《せっつ》等なり、七道と申すは東海道十五箇国・東山道八箇国・北陸道七箇国・山陰道八ケ国・山陽道八ケ国・南海道六ケ国・西海道十一ケ国・亦鎮西《ちんぜい》と云い又太《だ》宰府《ざいふ》と云云」（同一五一―一六頁）

## 日本の国勢

| 国 | 郡 | 郷 | 上田（町） | 男 | 女 | 計 |
|---|---|---|---|---|---|---|
| 66 | 586 | 3729 | 11120 | 1994828 | 2994830 | 4989658 |
| 島　2 | | | 乃至885567 | | | |
| | | | | | | |
| 国の長さ | 国の幅 | 神社 | 寺院 | 五畿　山城・大和・摂津・河内・和泉 | | |
| 3000余里 | 100里、あるいは500里 | 3132 | 11037 | 七道　東海道・東山道・北陸道・山陽道　山陰道・西海道・南海道 | | |

これを表にして整理してみると、上のようになります。

このような国勢に関する表現は、御書の随所に現れ、特に人口については鎌倉時代の諸文献の中で、唯一の表記として重視されています。当時の人口には二つの説があったらしく、一つは約五十億人（億は十万人を表す）、もう一つは約四十六億人で御書には両方が挙《あ》げられています。五十億人（五百万人）は十一箇所、四十六億人（四百六十万人）は十二箇所になります。

男女比も記されていますが、男性に比べて女性が百万人も多いことがわかります。人口は戸籍が作られて初めて掌握《しょうあく》できるので、この数字は戸籍作りをやめた平安時代前期以前のものである可能性があります。奈良時代からの律令制のもと、男性は租庸調《そようちょう》（律令制の税）の他、雑徭《ぞうよう》（地方の労役《ろうえき》）、防人《さきもり》（北九州の防備）、衛士《えじ》（都を守る兵士）、仕丁《しちょう》（朝廷への下級の雑役）など特に重い労役負担《ふたん》があったのに対し、女性は租だけの課税だったことから、男子が生まれても女子として届けたのでしょうか。男女比が二対三になっていることは興味深い数字です。

また、国の広さについては「曾谷二郎入道殿御返事」で「長さは三千五百八十七里」（同一〇六六頁）と記しています。当時の一里は約四五〇メートルですから、およそ一六一四キロメートルとなり、ちょうど青森から鹿児島までの距離にあたります。このように日本の国勢についても深い関心をもって数値で日本を表現した日蓮の御書は、中世史料の研究材料として高く評価されているのです。

## 「立正安国論」の発端となった天変地夭・飢饉疫癘

日蓮の社会に対する関心の深さは、天災、人災へも及んでいます。そもそも「立正安国論」述作《じゅっさく》の動機そのものが、民衆の生活を破綻《はたん》させ、生命を脅《おびや》かした天災・人災でしたから、日蓮自身の体験も含めてそれらの記述を克明《こくめい》に残したのです。「去《い》ぬる正嘉《しょうか》元年〔太歳丁巳《たいさいひのとみ》〕八月二十三日戌亥《いぬい》の尅《こく》の大地震《じしん》を見て之《これ》（立正安国論）を勘《かんが》う」というとおりです。（「立正安国論奥書」『御書』三三頁）

当時の幕府の記録書である『吾妻鏡《あずまかがみ》』によれば、日蓮の誕生から「立正安国論」を提出した三十九年間に起きた天災、人災の記事を拾ってみると、飢饉《ききん》二〇件、地震一三四件、疫病《えきびょう》六件、火災六九件、風水害三〇五件と、膨大《ぼうだい》な災難が繰り返し起きていることがわかります。

次頁の表は、日蓮が鎌倉に入ったと思われる建長《けんちょう》八年六月以降「立正安国論」述作前までの災難を、御書と『吾妻鏡』から抜き出したものです。太字は御書の表記を示しています。日蓮が鎌倉へ入ったのは「建長八年八月自《よ》り正元《しょうげん》二年二月に至《いた》るまで大地震非時の大風・大飢饉《ききん》・大疫病等種種の災難連連《れんれん》として今に絶えず」（「災難対治抄」同八〇頁）とあり、建長八年（一二五六年）八月の災難が鎌倉における最初の経験であることがうかがえます。同じ年の六月の洪水に言及されていないので、七月に鎌倉入りした可能性が高いと考えられます。

このうち特に正嘉元年八月二十三日の大地震は、日蓮が、「正嘉元年〔太歳丁巳《ひのとみ》〕八月廿三日戊亥《いぬい》の時前代に超《こ》え大に地振《じしん》す」（「安国論御勘由来」同三三頁）と記しているように、かつてない大地震であり、その被害は甚大《じんだい》でした。さらに、正嘉の大地震に続いて、その翌年に起きた正元の大飢饉は多くの人々の命を奪ったのです。実はその惨状《さんじょう》を記したものこそ「立正安国論」の冒頭の一節だったのです。

「旅客《りょきゃく》来《きた》りて嘆《なげ》いて曰《いわ》く近年より近日《きんじつ》に至《いた》るまで天変地夭《てんぺんちよう》・飢饉疫癘《ききんえきれい》・遍《あまね》く天下に満ち広く地上に迸《はびこ》る牛馬巷《ちまた》に斃《たお》れ骸骨《がいこつ》路《みち》に充《み》てり死を招《まね》くの輩《ともがら》既《すで》に大半に超《こ》え悲《かなし》まざるの

## 日蓮が言及した災難と著述

| 元号　西暦　年 | 月　日 | |
|---|---|---|
| 建長 8（1256）年 | 6月 | 洪水、白昼光物 |
| | **8月** 6日 | 甚雨大風、河溝洪水、山岳大いに頽毀して、男女多く横死す |
| | 8月 8日 | 去る六日の大風に依って、田園の作毛等悉く損亡す |
| 正嘉元（1257）年 | 5月 1日 | 日蝕 |
| | **8月23日** | **大地震**（正嘉の大地震）<br>大地震、音あり、神社・仏閣一宇として全きはなし。山岳頽崩し、人屋顛倒し、築地皆悉く破損し、所々地裂けて水涌きいず。中にも下馬橋の辺、地裂け破れ、其中より火炎燃え出でて色青し |
| | 9月 4日 | 地震 |
| | 11月 8日 | 大地震、若宮大路焼失 |
| 同　2（1258）年 | 春 | 大雨 |
| | 夏 | 大干ばつ |
| | **8月 1日** | **大風** |
| | 10月16日 | 洪水 |
| | 12月16日 | 地震、雷鳴 |
| 正元元（1259）年 | | **大飢饉　大疫病**　『守護国家論』 |
| 文応元（1260）年 | | **四季に亘つて大疫已まず** |
| | 2月 | 『災難興起由来』『災難対治抄』 |
| | 3月 | 『唱法華題目抄』 |
| | 6月 1日 | 疾風・暴風・洪水 |
| | 7月16日 | 『立正安国論』 |

族《やから》敢《あえ》て一人も無し」（同一七頁）と。

この練り上げられた流暢《りゅうちょう》な表現は、災難に遭遇《そうぐう》し、眼前に広がる凄惨《せいさん》な情景を目《ま》の当たりにしなければ書けるものではありません。そして、この惨状を契機として、日蓮は時の最高権力者に向かって諫暁《かんぎょう》行動を起こしたのです。そこに貫《つらぬ》かれていた日蓮の思いは、上下万人が求めてやまない「安穏」が大きく揺らいでいるという苛酷《かこく》な現実への認識でした。この衝撃的な惨状の直接体験は、民衆救済に立つ日蓮の生涯を決したといっても過言ではないでしょう。

晩年期を迎えた親鸞《しんらん》は、この関東の惨状を遠く京都の地で伝え聞いていました。その時「なりよりも、こぞ・ことし、老若男女おほくのひとびとのし（死）にあひて候らんことこそ、あはれにさふらへ」（『末灯抄』『定本親鸞聖人全集』第三巻、法蔵館・一九七三年、七四頁）と感想を述べるにとどまっています。親鸞だけではありません。同時代を生きる僧たちの中で、為政者《いせいしゃ》に向かって諫暁行動を起こす者はいませんでした。

まさにこの大震災とその後の大疫病によって、日蓮は一人立ち、末法の正師としての第一歩を踏み出していったのです。

# 二月騒動

二月騒動について触《ふ》れる古文献は、『保暦間記《ほうりゃくかんき》』『北条九代記』などが挙《あ》げられますが、そもそも文永《ぶんえい》年間のできごとを詳細《しょうさい》に伝える史料はあまりありません。『保暦間記』や『北条九代記』は後の成立であり、内容上信憑性《しんぴょうせい》に欠けることが多いのですが、御書は文永年間を語る好史料となっています。たとえば、蒙古《もうこ》襲来の文永の役《えき》のありさまを詳細に伝える数少ない文献として、歴史学では貴重な資料として位置づけられています。

日蓮は、一二四七年の宝治《ほうじ》の合戦以来の比較的平穏《へいおん》な時代が続くなかで、国主諫暁《かんぎょう》の書「立正安国論《りっしょうあんこくろん》」を幕府へ提出し、自界叛逆難《じかいほんぎゃくなん》（内乱）と他国侵逼難《たこくしんぴつなん》（外寇《がいこう》＝他国から攻められる）の二難の勃発《ぼっぱつ》を警告《けいこく》されました。有力御家人《ごけにん》を次々に倒し、最後に残った三浦氏を宝治の合戦で破った北条氏は安定期を迎えていました。ですから、内乱や外寇が起きるという日蓮の警告が現実になることなどまったく考えられなかったのです。ところが、文永九年二月に「二月騒動」として自界叛逆難が、文永十一年十月に「元寇《げんこう》（蒙古襲来）」として他国侵逼難が現実のものになったのです。

「元寇」は有名ですが、「二月騒動」は歴史事典でも詳しい解説がなされていません。まして中学や高校の教科書でも記述されておらず、その歴史的意味が軽く扱われているように思えます。しかし実際は、北条政治の転換点に位置づけられる重大な意味をもつ出来事だったのです。

日蓮は二月騒動について次のように述べています。

「宝治の合戦すでに二十六年今年二月十一日十七日又合戦あり外道・悪人は如来の正法を破りがたし仏弟子等・必ず仏法を破るべし師子身中《ししんちゅう》の虫の師子を食《はむ》等云云……薬師経に云く《いわ》『自界叛逆難《じかいほんぎゃくなん》』と是《これ》なり」（「佐渡御書」『御書』九五七頁）と、宝治の合戦以来二十六年の平静を破って起きた合戦を仏法的観点によせて内乱ととらえています。さらに「頼基陳状《よりもとちんじょう》」には、「百日が内（流罪されてから）に合戦出来《しゅったい》して若干《そこばく》の武者《むしゃ》滅亡せし中に、名越《なごえ》の公達横死《きんだちおうし》にあはせ給《たま》いぬ」（同一一六二頁）と。これは、特に名越一族が誅《ちゅう》され（罪人とし

## 二月騒動で誅された北条一門

| 文永９年（1272） | | | |
|---|---|---|---|
| 2月11日 | 鎌倉 | ×**北条時章**（58歳） | 評定衆・一番引付頭人 |
| | | ×**北条教時**（38歳） | 評定衆 |
| 2月15日 | 京都 | ×**北条時輔**（25歳） | 六波羅探題南方 |

て殺され）たことを記しています。（上図参照）。また他の御書でも言及されていますが、いずれも「二月十一日」の北条時章《ときあきら》と教時《のりとき》が誅殺された出来事をさして北条内部の闘争と位置づけているのです。

「二月騒動」は別名「北条時輔《ときすけ》の乱」と称し、執権《しっけん》時宗《ときむね》の異母兄に当たる時輔が京都で倒されたことをいうのが普通ですが、日蓮の関心は鎌倉で起きた内乱を特に重視しています。北条時章と教時は、文永八年九月時点の幕府評定衆《ひょうじょうしゅう》（幕府の最高決定機関の一員）・引付衆《ひきつけしゅう》（評定衆に準ずる重臣）名簿（一四三頁参照）で示すように、幕政《ばくせい》上の重要な立場にあったのです。時章は評定衆歴は二十一年にも及び、二月騒動の時点では、一番引付頭人《とうにん》を兼ね、執権（政権を執《と》る者）・連署《れんしょ》（執権を補佐し公文書に執権とともに署判する者）につぐナンバー3の重職にあり、教時も、評定衆の一人でしたから、結局二月騒動は、評定衆のなかで六人の北条一門のうち、二人が殺されるという事件だったのです。ただ、二人を殺した武士は時宗によって斬首《ざんしゅ》され、真相は闇《やみ》に葬《ほうむ》られます。しかし、分家の力が弱まり、本家（得宗家《とくそうけ》）の権力は強大化していきました。そして二年後の一二七四年、蒙古の襲来が現実となり、北条政権は危機的状況に陥《おちい》り、以後弘安《こうあん》の役《えき》と続き、幕府は確実に滅亡《めつぼう》への坂を転《ころ》げ落ち始めることになります。

この内乱と外寇《がいこう》（外国から攻められる）によりかえって北条本家の独断的な政治が進み、平頼綱《たいらのよりつな》のような得宗の威《い》を借りた得宗被官《ひかん》（北条家本家に仕える官吏）の力が、御家人《ごけにん》（代々将軍に仕《つか》えている武士）だけでなく北条分家をも圧する権力を振るい、幕府政治への信頼は急激に失墜《しっつい》していきました。その発端《ほったん》ともなった二月騒動は、盤石《ばんじゃく》だった北条幕府の滅亡への折り返し点と位置づけられるのです。

奇《く》しくもこの滅亡への折り返し点にあたる文永九年の自界叛逆難、文永十一年の他国侵逼難は、幕府が日蓮を佐渡へ流罪《るざい》していた時とほぼ重なっていたのです。

二月騒動と並んで、北条政権が下り坂に向かうきっかけとなったのは、文永の役《えき》（一二七四年）と弘安の役（一二八一年）すなわち元寇《げんこう》です。日蓮が「立正安国論」で予見《よけん》した他国侵逼《たこくしんぴつ》難《なん》の的中です。

次頁の表はモンゴル勢の陣容《じんよう》を一覧にしたものですが、実はモンゴル勢の実態は、モンゴルによって征服された中国・宋《そう》の人たち（漢人）と朝鮮・高麗《こうらい》の人たちがほとんどを占《し》めており、軍船の建造も水手《かこ》（船の漕《こ》ぎ手）も、みな征服された漢人・高麗人だったのです。ですから、彼らにとっては日本を征服してもなんのメリットもなく、士気《しき》も上がらない混《こん》成《せい》軍だったのです。モンゴルの強制的な命令にやむなく従って日本を攻めたというのが実態だったのです。少数民族のモンゴルが世界史上最大の大帝国を築き上げたのは、こうし

# 蒙古襲来

## 元寇

| | 文永11年（1274） | 弘安4年（1281） | |
|---|---|---|---|
| | 文永の役 | 弘安の役 | |
| | | 東路軍 | 江南軍 |
| 蒙漢軍 | 15,000 | 15,000 | 100,000 |
| 高麗軍 | 6,000 | 10,000 | |
| 水　手 | 6,700 | 15,000 | |
| 軍　船 | 900 | 900 | 3,500 |

た被征服民族を自分の軍門に組み込み、隣《となり》の国を攻めさせ、さらにまた隣国《りんごく》を征服して拡大を図《はか》ったからなのです。

日蓮は文永の役について「日本国には神武天皇よりいまにいくさ多しというとも此の蒙古国の合戦第一なるべし」（断簡）と「いくさ」の中の第一に位置づけています。それだけこの元寇については強い関心をもって雄弁に言及しています。この元寇をどのようにとらえていたのか、分析していくと、主に三つの視点を見出すことができます。

①・蒙古は隣国の聖人である（『御書』一二七二頁、三五二頁、一四一二頁）
・蒙古は仏が梵天《ぼんてん》・帝釈《たいしゃく》に仰《おお》せつけて

日本を攻めている。（同一三〇二頁）

・蒙古の賢王《けんおう》の身に仏・菩薩・諸天が入って日本の国主を罰している（同三六二頁）

②・真言祈禱《きとう》は亡国につながる。平家滅亡が第一度、承久《じょうきゅう》の乱が第二度、今度は第三度である。（同一一五二頁、一〇九五～一〇九六頁）

・公家・武家の日記を見るに真言祈禱が盛んである（同三六三頁）

・蒙古対策として真言祈禱をしてはならない（同三五八頁）

・真言僧らを召《め》し合わせよ（同一四八九頁）

③・壱岐《いき》・対馬《つしま》の人々の惨状《さんじょう》はこのうえない（同三四八頁、一三二九～一三三〇頁）

・やがて京・鎌倉も壱岐・対馬のようになる（同一二二〇頁）

・上下万民一同の嘆《なげ》き（同一三二七頁）

・筑紫《つくし》へ行く夫婦の別れのつらさ（同九七五頁）

①は「立正安国論」で示された「善神捨国《ぜんじんしゃこく》」すなわち「神天上法門《かみてんじょう》」を発展させ、諸天善神が蒙古の賢王の身に入って日本を攻めているといいます。日本にとってみれば、謗《ほう》法《ほう》放置の結果、自らが招いた罪報《ざいほう》となるのです。

②は謗法放置どころか、亡国をもたらす真言の調伏《ちょうぶく》を盛んに執行していることへの弾呵《だんか》の表現です。真言の調伏祈禱はかえって自分が滅ぶ結果をもたらす。源平合戦も、承久の乱も同じだった。今は第三度で、権力の交代では済《す》まず日本そのものが滅んでしまう。日蓮の真言批判は念仏・禅・律批判をはるかに超えたものでした。

①と②は仏法の立場から理は蒙古に、非は日本にあると位置づけています。侵略される側に身を置きながら外寇《がいこう》の非に言及しないのは、二国間の戦争を客観視する仏法者としての日蓮の中では矛盾《むじゅん》はないのです。そこには、侵略する側される側とか、攻撃か防衛かとかの政治的次元に降りて理非《りひ》を論じようとする為政者《いせいしゃ》の視点はもち合わせていません。それよりも、戦争そのものの是非を問題としたのです。日蓮にとっては戦争はあってはならないことでした。日蓮の最大の関心は、民衆の安穏《あんのん》の実現に他なりません。それを脅《おびや》かす最大の災禍《さいか》は戦争だと認識していたのです。

③は日蓮が文永の役をどうとらえていたのかが最もよく表れている観点です。日蓮はその悲惨《ひさん》さを説いて止《や》みません。戦争ほど愚《おろ》かなことはない。悲惨なことはない。その惨禍《さんか》を受けるのは他でもない、民衆なのです。戦争の最大の犠牲者《ぎせいしゃ》は民衆なのです。壱岐・対

馬の人々の惨状の筆致《ひっち》はまるで戦場にいて目撃してきたかのように克明《こくめい》です。さらにこの惨状はやがて京、鎌倉をも襲うことになると強く憂《うれ》いもし、警鐘をならしたのです。

このように日蓮が戦争の犠牲者・敗者に焦点を当て、負《ふ》の面を強調するのは、戦争の全面否定に立つからでした。過去のいくさについて言及する場合でも、蒙古との合戦においても、敗者を中心に論じるのは日蓮の戦争観の特質でもあります。

時代の共通認識としての「末法観」を「闘諍堅固《とうじょうけんご》・白法隠没《びゃくほうおんもつ》」の危機的状況ととらえていますが、闘諍とは文字通り戦争のことです。その闘諍の起こる原因は人間の劣悪な心にあると日蓮はいいます。「闘諍堅固・白法隠没と云《い》つて人の心たけく腹あしく貪欲《とんよく》・瞋《しん》恚《に》・強盛《ごうじょう》なれば軍《いくさ》・合戦のみ盛《さかん》にして」（「法華初心成仏抄」同五四八頁）と。また「闘諍堅固の時に当《あた》つて此《こ》の国修羅《しゅら》道となるべし」（「神国王御書」同一五二五頁）というように、戦争は人間の心の三悪や修羅の働きにより引き起こされるという認識をもっていました。

たしかに宗教者として、その文脈の上から個々の「いくさ」をとらえることが前提としてあるにしても、日蓮が非戦論者であったことは十分に認められるところです。「立正安国論」での二つの予見に見られる戦争回避《かいひ》と安穏希求《ききゅう》は非戦論者・日蓮の出発点であり、それは生涯ゆるぐことなく貫《つらぬ》かれています。時代は中世に突入し、武家を中心とした軍事体制のもと、いくさと隣り合わせに生きた民衆の安穏の代弁者として、日蓮は身を賭《と》して戦い続けたのです。

# 鎌倉時代の裁判制度

鎌倉時代の裁判は、どんな事件であろうと、まず訴訟人《そしょうにん》の存在が成立の要件でした。人が死んでいて、たとえそれが幕府の門前であったとしても、だれかが訴えてこなければ事件にならなかったのです。つまり、裁判は原告が被告を訴えるところから始まるのが原則でした。

訴訟は原告が訴人《そにん》、被告は論人《ろんにん》といい、両者の対決は次頁の表のように訴人による訴状《そじょう》と論人による陳状《ちんじょう》の応酬《おうしゅう》で行われていきます。

通常は、原告は訴状（あるいは申状《もうしじょう》）を問注所《もんちゅうじょ》に提出します。問注所に提出した訴状が受理されると、幕府によって問状《といじょう》が発行され、原告はその問状と自らが書いた訴状を被告に直接届けなければなりませんでした。したがって原告は主体的に動きまわり、裁判成立

## 幕府の司法制度

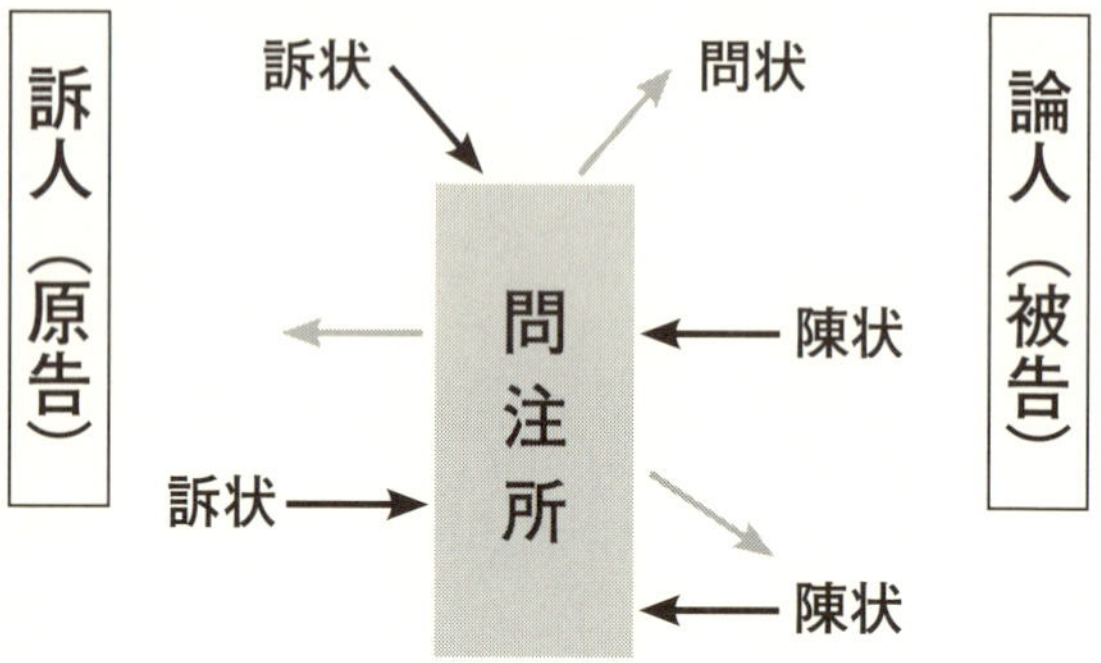


## 御成敗式目（全51か条）の構成

| | |
|---|---|
| 一・二条 | 神事・仏事 |
| 三〜六条 | 幕府と朝廷との関係 |
| 七・八条 | 裁判の原則 |
| 九〜一七条 | 刑事法関係 |
| 一八〜二七条 | 家族法関係 |
| 二八〜三一条 | 訴訟手続き関係 |

三二条以下は、まとまりがなく明確に区分されていない。

への環境づくりを独力で行わなければならなかったのです。

一方、被告には、幕府からの問状によって申し開きの陳状《ちんじょう》の提出が義務づけられていました。もしここで陳状を出さなければ、被告の負けとなります。陳状は問注所を経《へ》て、今度は原告に渡されます。この訴状と陳状のやりとりは三度までできるようになっていました。これを三問三答《さんもんさんとう》といいます。

こうして最後に問注所が書類をそろえ、判決へと進んでいきます。事件の大きさによっては、引付衆《ひきつけしゅう》が判決案を作成し(引付勘録《かんろく》事書という)評定衆《ひょうじょうしゅう》でそれが吟味《ぎんみ》され、さらに執権自らが最終判決にかかわることもあります。その際、判決の基準になったのが「御成敗《ごせいばい》式目《しきもく》」でした。貞永《じょうえい》元年(一二三二年)に執権・北条泰時《やすとき》と評定衆が中心となって作成された武家の法律です。全五十一か条で内容は前頁の表のようになっていました。

文永《ぶんえい》・建治《けんじ》・弘安《こうあん》年間にわたる鎌倉時代中期の司法制度についての研究は、残念ながらあまり進んでおらず、不明な点も多いのですが、日蓮在世中は「御成敗式目」や追加法に照らして、裁判の沙汰《さた》(判決)が下されていたと考えてよいと思います。

さて、『御書』には、訴状の様式をもったものが一通、陳状の様式をもったものが三通みられます。ただし草案（下書き）であり、提出した正文（正式な文書）ではありません。鎌倉時代の訴状や陳状は多く伝えられていますが、ほとんどが訴人や論人の手元に残った下書きなのです。訴状は「四十九院申状《しじゅうくいんもうしじょう》」（『御書』八四八頁）の一通、陳状は「滝泉寺申状《りゅうせんじもうしじょう》」（同八四九頁）、「頼基陳状」（同一一五三頁）、「行敏訴状御会通《ぎょうびんそじょうごえつう》」（同一八〇頁）の三通です。

訴状の「四十九院申状」は、駿河《するが》・蒲原《かんばら》の荘《しょう》のあった四十九院の別当・厳誉《ごんよ》が、日興《にっこう》等を迫害し、追い出しを図ったことに対して訴えに及んだもので、差出人は日興以下四名の日蓮の弟子が署名しています。ただ提出先は不明です。

「滝泉寺申状」は、滝泉寺の院主代・行智《ぎょうち》が、日秀《にっしゅう》・日弁《にちべん》を訴えた訴状に対する陳状となっています。「申状」というのは訴状のことで「陳状」ではありません。ですから、題号は「日秀・日弁陳状」とするべきでしょう。日蓮と富木常忍《ときじょうにん》の筆で下書きが現存しています。提出先は滝泉寺が得宗領にあったので、得宗家の家務機関であったことが推定されます。

「四十九院申状」と「滝泉寺申状」は、熱原《あつはら》の法難の渦中《かちゅう》に出されたもので、法難の経過からみるかぎり、日蓮門下には理不尽《りふじん》な裁断が下されたようです。

「頼基陳状」は、四条金吾が主君・江間《えま》氏に、信仰をやめなければ所領を没収するとの下文《くだしぶみ》（上意下達文書《じょういかたつもんじょ》）を突きつけられたのに対し、日蓮自らが四条金吾に代わって書いた陳状の原案です。

ここでは、主従の関係における下文と陳状であり、裁判沙汰とは異質なようですが、当時の鎌倉で羽振《はぶ》りをきかせていた竜象房《りゅうぞうぼう》の法座で、四条金吾が狼籍《ろうぜき》を働いたという竜象房あるいはその周辺の者の訴えが前提としてあり、その訴えがおそらく主君の江間氏に提出されたと考えられます。

## 鎌倉の仏教界の様相

日蓮の法戦の主戦場であった鎌倉の仏教界は、どのような宗派と僧たちが影響力をもっていたのか。『御書』には鎌倉で日蓮が直接対決し、破折《はしゃく》した宗派と有力僧が多く書かれています。ここでは、その実態を明らかにしてみたいと思います。

**【真言密教】** 奈良や京都の都造《みやこづく》りの原則は、最北部の中央に内裏《だいり》が置かれ、天皇はここを生活空間としました。鎌倉では天皇の内裏の位置に置かれたのが鶴岡八幡宮《つるがおかはちまんぐう》です。すなわち八幡大菩薩は鎌倉武士の守護神であり、精神的主柱だったのです。

この鶴岡八幡宮は、表向きは神祇《じんぎ》信仰でありながら実態は八幡宮寺として、その別《べっ》当職《とうしき》（住職）や供僧《ぐそう》（僧侶）職《しき》のほとんどが東寺《とうじ》（真言宗東寺派の総本山）と園城寺《おんじょうじ》（天台

## 日蓮在世中の鶴岡八幡宮の別当職（住職）

| 歴代 | 別当 | ・出身 | ・補任期間 |
|---|---|---|---|
| 六代 | 定豪《じょうごう》 | ・東寺（真言宗・東密） | ・1223 － 1224 |
| 七代 | 定雅《じょうが》 | ・東寺（真言宗・東密） | ・1224 － 1229 |
| 八代 | 定親《じょうしん》 | ・東寺（真言宗・東密） | ・1229 － 1247 |
| 九代 | 隆弁《りゅうべん》 | ・寺門（天台宗園城寺・台密） | ・1247 － 1283 |

宗寺門《じもん》派の総本山）の僧から任じられていました。そういう意味で、鎌倉幕府が最も重要視していたのは真言密教だったのです。

日蓮在世中の別当次第《しだい》（順番）を挙《あ》げれば上表の通りです。

日蓮が活躍した期間は隆弁《りゅうべん》の別当期と重なりますが、隆弁のもとで補任《ぶにん》された供僧職《しき》二十七人の宗派別は、寺門（園城寺）二十名、東寺六名、山門（比叡山《ひえいざん》）一名でしたから、鶴岡八幡は寺門派が独占していたといってよいでしょう。東寺勢力も負けてはいません。定豪《じょうごう》の弟子・定清《じょうしょう》（一一八五～一二八〇）は評定衆・後藤基綱《ごとうもとつな》の弟として、頼朝《よりとも》が父・義朝《よしとも》の菩提《ぼだい》を弔《とむら》うために建立《こんりゅう》した大蔵《おおくら》の勝長寿院《しょうちょうじゅいん》（阿弥陀堂《あみだどう》）の別当職《しき》にあり、日蓮は定清を「東寺第一の智者」（『報恩抄』）と記し、また文永十一年四月十二日の暴風雨は定清の真言祈禱《きとう》が原因であると難じています。

**【真言律宗】** 密教の隆盛《りゅうせい》を考える上で、叡尊《えいそん》（一二〇一～一二九〇年）と良観《りょうかん》の鎌倉進出も見過《す》ごすことはできません。良観の師・叡尊は初め高野山《こうやさん》に登り、のち西大寺《さいだいじ》で持戒《じかい》（戒律をたもつ）僧になり、東大寺で自誓受戒《じせいじゅかい》（自ら誓って戒を受ける）するので律《りつ》（仏の戒め）中心なのですが、光明真言《こうみょうしんごん》（大日如来の真言）を称揚《しょうよう》（ほめたたえ）したり、蒙古調伏《ちょうぶく》（降伏）祈禱を繰り返すなどきわめて密教色が強いものでした。

　叡尊はすでに西国では名声を博《はく》しており、鎌倉へは称名寺《しょうみょうじ》を興《おこ》した北条実時《さねとき》の懇《こん》請《せい》（願い）によって弘長《こうちょう》二年（一二六二年）に下向《げこう》（鎌倉入り）しています。在住はわずか六か月ですが、将軍家や北条家の主だった者は皆、叡尊の授戒を受け、真言律ともいうべき叡尊の宗風《しゅうふう》はたちまちのうちに広まっていきました。実時は念仏寺であった称名寺を律宗に改めたほどでした。良観は叡尊の鎌倉下向のお膳《ぜん》立てをし、連署《れんしょ》の北条重時《しげとき》の帰依《きえ》を受けていました。良観は重時の子・業時《なりとき》の請《こい》により弘長二年より多宝《たほう》寺《じ》に住し、のち文永《ぶんえい》四年（一二六七年）に極楽寺《ごくらくじ》に入り、以後永仁《えいにん》元年（一二九三年）ま

## 法然浄土宗の系譜

| | | | 鎌倉の関係寺院 |
|---|---|---|---|
| 法然 | 弁長《べんちょう》（聖光《しょうこう》）「鎮西派」 | 宗観（修観） | 極楽寺開山 |
| | | 良忠《りょうちゅう》（念阿） | 悟真寺・大仏殿 |
| | 長西《ちょうさい》（覚明《かくみょう》）「諸行本願義」 | 道教《どうきょう》（道阿） | 新善光寺 |
| | | 真阿 | 浄光明寺 |
| | 隆観《りゅうかん》（隆観）「多念義」 | 智慶《ちぎょう》（南無房） | 長楽寺 |
| | 証空（善慧房《ぜんえぼう》）「西山派」 | | 〈京都〉 |
| | 幸西《こうさい》（成覚《じょうかく》）「一念義」 | 薩生（薩生） | 〈流罪〉 |
| | 親鸞《しんらん》 | | 〈茨城〉 |

（　）内の名前は『御書』での呼称

で極楽寺を中心に鎌倉仏教界に君《くん》臨《りん》する僧の一人になります。

**【念仏】** 新興の念仏も、政都《せいと》・鎌倉で大いに流行《はや》っていました。鎌倉の念仏は阿弥陀堂の建立による死者の追善供養《ついぜんくよう》を主としており、頼《より》朝《とも》建立の勝長寿院《しょうちょうじゅいん》（父義朝《よしとも》の追善供養）や永福寺《えいふくじ》（源義経《みなもとのよしつね》や奥州藤原《おうしゅうふじわら》家の鎮魂《ちんこん》のため中尊寺《ちゅうそんじ》を模《も》してつくられた）もそういう意味の念仏寺でした。ともにその開堂供養（法堂を開いて初めて教えを説く儀式）には園城《おんじょう》寺《じ》大僧正の公顕《こうけん》を招請《しょうせい》して（招き呼んで）いるので、密教の影響が入りこんでいます。したがって法然の専修念仏《せんじゅねんぶつ》がすでに浸透《しんとう》していたとはいいがたく、法然の弟子たちによって浸透化が進むのはその孫弟子の時代になってからです。

その中心的な役割を担《にな》ったのは、多念義《たねんぎ》（往生のため死ぬまで念仏を唱え続ける一派）・隆《りゅう》寛《かん》の弟子智慶《ちぎょう》と、鎮西派《ちんぜい》（九州北部で広まった一派）・弁長《べんちょう》（聖光《しょうこう》）の弟子良忠《りょうちゅう》と、諸《しょ》行本願義《ぎょうほんがんぎ》（念仏以外の諸行も阿弥陀仏の本願にかなっているとする一派）の長西《ちょうさい》の弟子道教《どうきょう》（～一二八七年）の三人です。

智慶は華厳《けごん》宗の泰斗《たいと》（権威者）・凝然《ぎょうねん》が「浄土法門源流章」で「東土の浄教はすなわち彼の力なり」という位置づけを与えており、長楽寺《ちょうらくじ》を中心に活動したようです。その時期は師の隆寛滅後の建長《けんちょう》期以前で、長楽寺は「なごへの一門の善光寺・長楽寺・大仏殿（一二四三年）立てさせ給《たま》いて其《そ》の一門のならせ給う事をみよ」（「兵衛志殿御返事《ひょうえのさかん》」『御書』一〇九三頁）という名越一門の開基《かいき》による念仏寺院の一つでした。

また、善光寺（新善光寺）に別当として住したのが道教《どうきょう》です。道教は天台を兼修《けんしゅう》（かさね修め）し、その著に「諸行本願義」がある通り、決して専修《せんじゅ》念仏僧ではなかったのです。

その弟子性仙《しょうせん》は浄光明寺三世になり、一方極楽寺三世の順忍《じゅんにん》は道教から浄土、天台を学んでいるので、善光寺、浄光明寺、極楽寺は深い交流の跡《あと》をうかがわせています。

次に良忠《りょうちゅう》は、法然《ほうねん》浄土宗の正統とされる法然―聖光―良忠という系譜《けいふ》上にあり、特に関東（茨城・千葉など）布教の後、鎌倉に入り教線を拡大しました。鎌倉への進出は正元《しょうげん》二年（一二六〇年）以降で北条朝直《ともなお》一門の外護《げご》を受け、主に名越《なごえ》の地を中心に、今は廃寺《はいじ》になっていますが、悟真寺《ごしんじ》、蓮華寺《れんげじ》、善導寺《ぜんどうじ》等に門流を形成していきました。良忠は建治二年に京都に上洛《じょうらく》してしまいますが、文永期後半には鎌倉において一大勢力を築いていたのです。

また、良忠の鎌倉入りを援助した者に浄光《じょうこう》がおり、大仏勧進聖《かんじんひじり》として寛元《かんげん》元年（一二四三年）完成の鎌倉の大仏（阿弥陀仏《あみだぶつ》）建立に寄与しています。大仏殿が、西国公家《くげ》政権に対抗する幕府の東国利益の象徴として建立された経緯《けいい》からも、阿弥陀仏信仰は武家社会はもちろん広く民衆に至《いた》るまで浸透していたのです。

しかし、その受容のあり方は諸行本願義・多念義等の、諸宗に対し寛容的な念仏が公認され、排他的な念仏（幸西《こうさい》の一念義《いちねんぎ》、親鸞《しんらん》系）はむしろ弾圧されています。その意味

## 禅宗の鎌倉への定着化の流れ

栄西《えいさい》――栄朝《えいちょう》――┬蔵叟《ぞうそう》（1194～1277年）
（1141～1215年）（?～1247年）├円爾《えんに》（1202～1280年）
└退耕行勇《たいこうぎょうゆう》（1163～1241年）

では法然がめざした念仏専修の系譜は、鎌倉では受容されなかったといっても過言ではなく、日蓮も鎌倉の法然教団に対し、「法然上人の門弟と称し諸行往生を立つるは逆路《ぎゃくろ》伽耶陀《がやだ》（師の教えに背く反逆の弟子のことをさす譬え）の者なり」（「守護国家論」同六一頁）と批判しているほどです。以上、たくさんの念仏僧の名前が出てきましたので、一八一頁の表で整理しておきます。

**【禅】** 禅の鎌倉への定着は、上表のように栄西《えいさい》とその門流によって進められました。

しかし、栄西門流は栄西自身が「持律《じりつ》第一葉上房《ようじょうぼう》」（断簡）と日蓮から称されています。台密《たいみつ》僧でもあってきわめて兼修《けんしゅう》（かさね修め）性が強く、弟子の栄朝《えいちょう》も栄西が寿福《じゅふく》寺住持《じじゅうじ》（住職）になると傘下《さんか》に入り兼修禅を弘めています。蔵叟《ぞうそう》もまた同じであり、円爾《えんに》は主に京を中心に教線を拡大しましたが、建長《けんちょう》六年（一二五四年）には北条時頼《ときより》の招きに応じ、寿福寺で講説《こうせつ》、一時寿福寺に止住《しじゅう》（居住）しています。行勇《ぎょうゆう》は鶴岡八幡宮《つるがおかはちまんぐう》の供僧《ぐそう》、永福寺《えいふくじ》の別当《べっとう》などを歴任し、北条政子や源頼《より》家《いえ》の外護《げご》を受け、栄西滅後は寿福寺二世になって源実朝《さねとも》の帰依《きえ》を受けています。

しかし、禅宗の定着化を決定的にしたのは、時頼による建長寺《けんちょうじ》の創建《そうけん》（建長五年・一二五三年）でした。「野守鏡《のもりかがみ》」に「禅宗の諸国に流布することは建長寺を建てられしゆへなり」とあり、開山《かいざん》に迎えられたのが来朝《らいちょう》僧・蘭溪道隆《らんけいどうりゅう》です。

栄西流の兼修禅に対し、純粋禅を標榜《ひょうぼう》し、時悪《あ》しく蒙古来襲《もうこらいしゅう》の危機下に疑われ、甲斐《かい》、奥州《おうしゅう》に二度流罪されながらも大覚《だいがく》流（道隆の異称）の基《もとい》を鎌倉に築き、他派の禅宗を圧して拡がりました。

日蓮は同十月、文永五年（一二六八年）閏《うるう》正月、蒙古からの牒状《ちょうじょう》をめぐって幕府、朝廷が騒然としている渦中《かちゅう》にあって、諫暁《かんぎょう》の私信状をしたため十一か所に送りました。その中に寺院に宛《あ》てたものが七通あります。すなわち、建長寺・寿福寺・極楽寺・大仏殿・長楽寺・多宝寺・浄光明寺です。

## 日蓮在世中の鎌倉の有力寺院

| 寺院名 | 開基 | 主な宗旨 | 当時の住持(職) | 密教色 | 備考 |
|---|---|---|---|---|---|
| 建長寺 | 北条時頼 | 臨済禅 | 道隆 | なし | |
| 寿福寺 | 北条政子 | 〃 | 蔵叟か | 有り | |
| 大仏殿 | 名越一門 | 念仏 | 不明 | 不明 | 良忠と関係深い |
| 長楽寺 | 〃 | 〃<br>(多念義) | 智慶 | 濃厚 | 行敏は初め智慶の弟子 |
| 多宝寺 | 不明 | 律 | 良観の弟子 | 濃厚 | |
| 浄光明寺 | 北条長時 | 念仏<br>(諸行本願義) | 真阿<br>(道教も) | 濃厚 | 良忠の影響下<br>行敏在寺 |
| 極楽寺 | 北条重時 | 律 | 良観 | 濃厚 | 初め念仏宗 |
| (参考) | | | | | |
| 新善光寺 | 名越一門 | 念仏<br>(諸行本願義) | 道教 | 有り | 良観と道教は交流 |
| 悟真寺 | 北条朝直 | 〃<br>(鎮西義) | 良忠 | 有り | |

これまで述べてきたように、これらは当時の鎌倉仏教界の有力寺院であったということができます。この有力七か寺についての情報を整理すれば、上表になります。

日蓮の「行敏《ぎょうびん》訴《そ》状《じょう》御《ご》会《え》通《つう》」で名指しされた良観・道教・良忠の三人が深くつながっていることは、この〈鎌倉の有力寺院〉の表から明らかになります。叡《えい》尊《そん》の授戒《じゅかい》を共通にもつ良観と

## 鎌倉新仏教の祖師たちと『御書』での記述

| | | 生没年代 | 『御書』での記述 |
|---|---|---|---|
| 法然 | 浄土宗の開祖 | 1133-1212 | 多数 |
| 栄西 | 臨済宗の開祖 | 1141-1215 | 一箇所 |
| 親鸞 | 浄土真宗の開祖 | 1173-1262 | なし |
| 道元 | 曹洞宗の開祖 | 1200-1253 | なし |
| 一遍 | 時宗の開祖 | 1239-1289 | なし |
| (日蓮 | | 1222-1282) | |

道教、浄光明寺を共通基盤とする道教と良忠、そしてそこに在寺していたと思われる行敏は良忠の弟子でもあり、長楽寺の智慶《ちぎょう》に参じており、行敏がこれら有力僧の代理となって日蓮を訴えた背景が浮き彫りになってくるのです。

いずれにせよ、幕府がとった宗教政策は密教を中心とし鶴岡八幡宮、念仏、禅にもそれぞれの役割分担を認め、公認化しお互いの領域を守る以上は保護し、また各宗各寺も密教色を帯《お》びつつ、その体制を受け入れ共存共栄を図《はか》っていったというのが鎌倉仏教界の様相《ようそう》であったといえるでしょう。

最後に付け加えておくべきことがあります。それは鎌倉新仏教の祖師《そし》についてです。法然(浄土宗の開祖)は『御書』に頻出《ひんしゅつ》し、栄西(臨済宗《りんざいしゅう》の開祖)はわずか一か所ですが「持律第一葉上房」（断簡）として出てきます。ところが、今でこそ有名な、親鸞《しんらん》（浄土真宗の開祖）、道元《どうげん》（曹洞宗《そうとうしゅう》の開祖）、一遍《いっぺん》（時宗《じしゅう》の開祖）は御書には一切書かれていません。日蓮はこの三人の存在を知らなかったのでしょうか。今でこそ有力既成仏教の祖師として高名な僧たちですが、日蓮との関わりがあったかどうか述べておきます。

親鸞については、明治時代に歴史学者によって「親鸞抹殺《まっさつ》説」が出るほど、鎌倉時代は無名に近い存在だったようです。越後《えちご》や常陸《ひたち》で念仏を弘めていたのですが、一二三五年以後京都に戻り一二六二年に京都で死去しています。したがって、日蓮との接点はありません。ただ一点最近の研究により（今井雅晴『親鸞と東国門徒』吉川弘文館　一九九九年）、親鸞の主著『教行信証《きょうぎょうしんしょう》』の開版《かいはん》（出版）を平頼綱《たいらのよりつな》・飯沼助宗《いいぬますけむね》親子に許可され支援を受けたことが明らかとなり、平頼綱を介《かい》して日蓮と親鸞門下のつながりが指摘されています。親鸞の門下には関東の横曾祢門徒《よこそねもんと》がおり、下総《しもうさ》の飯沼（北条本家の得宗領）にも教線を張っていました。平左衛門頼綱の次男・助宗が飯沼助宗と称していたことから、飯沼つながりで親鸞教団と平頼綱の密接な関係が浮き上がってきたのです。熱原の法難で日蓮門下の農民信徒が捕縛《ほばく》され、苛酷《かこく》な責めを受けたのは鎌倉の平頼綱邸であり、その処断に当たったのが飯沼助宗だったのです。

道元は日蓮が立宗宣言をした年に亡くなっており、つながりはおそらくなかったと思います。わずかな可能性としては、日蓮が京都へ遊学した一二四二年から道元が越中《えっちゅう》へ向かった一二四三年までの二年間はともに京都におり、道元のいた京都・建仁寺《けんにんじ》に行ったとすれば会うことがあったかも知れないという程度です。道元は晩年福井の永平寺《えいへいじ》に籠《こ》もり、俗世間との交渉を断ったほどですから、日蓮がその存在を知ることはなかったといっていいでしょう。

一遍《いっぺん》は日蓮とほぼ同時代を生きていますが、生涯遊行《ゆぎょう》（修行・教化のため諸地方を巡り歩くこと）を通し、日蓮との接点は考えられません。一遍の特徴は念仏札の配布と踊り念仏にあり、特に念仏を唱えながら踊る「踊り念仏」を流行させたことで知られています。日蓮の御書に「愚《おろか》なる人人実《まこと》と思いて物狂《ものぐる》はしく金拍子《かねびょうし》をたたきおどり《躍》はねて念仏を申し」（「新池殿御消息」『御書』一四三六頁）という表現があり、一遍との関連をうかがわせますが、はっきりしたことはわかりません。

以上のように、日蓮と五人の祖師とのつながりを述べてきましたが、法然は別として栄西・親鸞・道元・一遍の四人の存在を日蓮が意識したことはほとんどなかったといっていいでしょう。

これらの祖師たちが有名になるのは、室町時代に大きく教団化してからであり、鎌倉時代は異端視《いたんし》扱いされ、少数勢力でしかなかったのです。

# V　門下群像

## 四大檀越（富木常忍、四条金吾、池上兄弟、南条時光）

日蓮の代表的な門下といえば、富木常忍《ときじょうにん》・四条金吾《しじょうきんご》・池上《いけがみ》兄弟・南条時光《なんじょうときみつ》の四大檀《だん》越《おつ》（在家の信徒）を挙《あ》げることができます。伝えられる手紙の数の上でも、ベスト4ということになります。

それぞれの居住地は次頁の地図で示したように、千葉・神奈川・東京・静岡です。

年齢ははっきりと確定はできませんが、富木常忍（一二一六年あるいは一二二〇年生まれ）・日蓮（一二二二年生まれ）・四条金吾（一二三〇年ごろ生まれ）・池上兄弟（生年不明）・南条時光（一二五九年生まれ）の順に若くなっています。富木常忍は日蓮より年長、南条時光は三十七歳年下だったことになります。

## 四大檀越の居住地

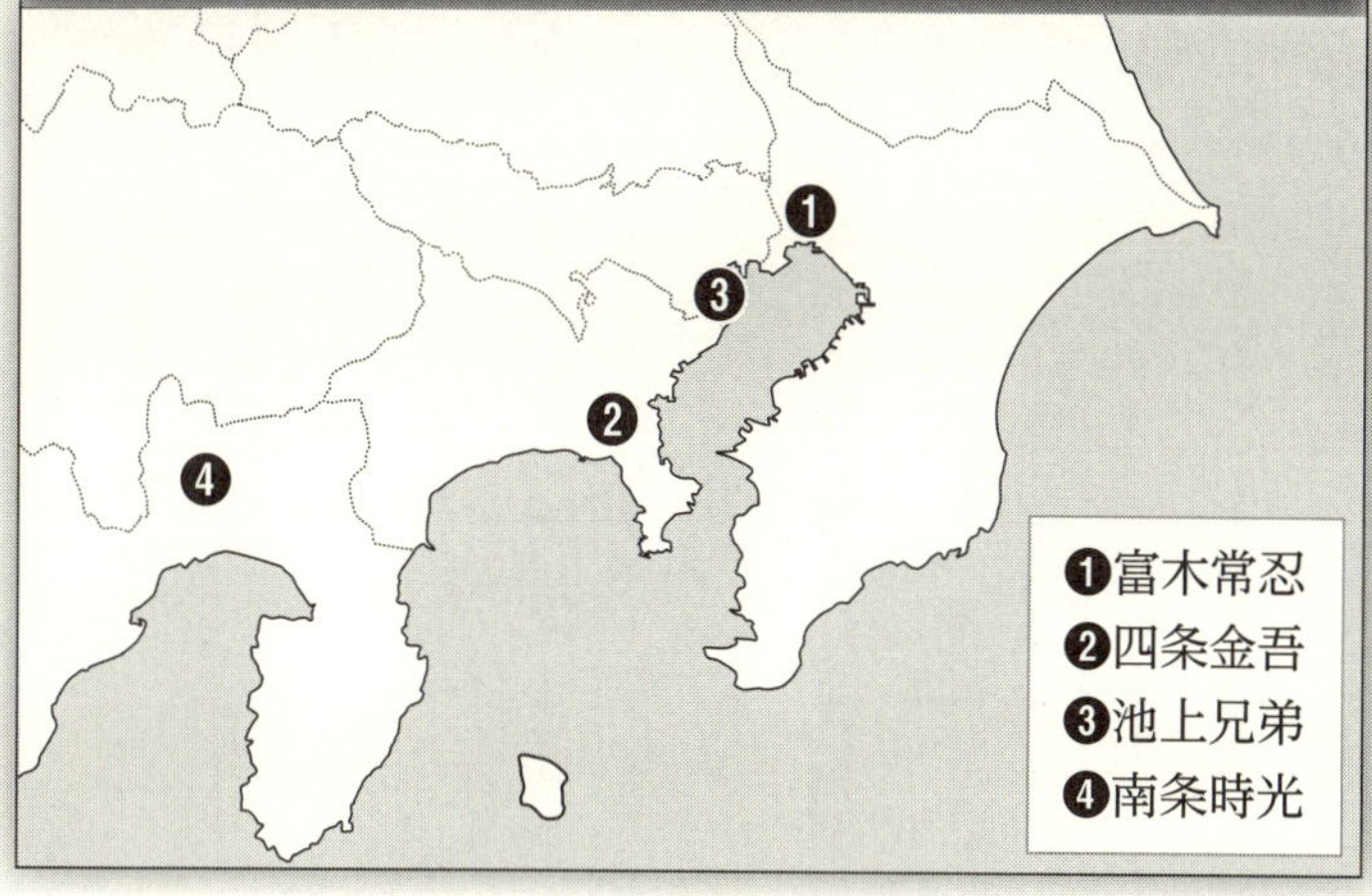


### 富木常忍

【教団の重鎮《じゅうちん》】

門下の最長老として、門下間の連携《れんけい》のパイプ役として日蓮の信頼を得ていました。

【門下の指導の伝達役を担《にな》う】

日蓮はその幾多《いくた》の人生の分岐点《ぶんきてん》にあって、その時の心境をまず富木常忍に知らせるようにしています。竜の口の法難の二日後には「土木殿御返事」（『御書』九五〇頁）を、佐渡流罪途中の寺泊《てらどまり》からは道中の心境を「寺泊御書」（同九五一頁）にしたため、赦免《しゃめん》後、鎌倉から身延《みのぶ》に入山した時にも、その行程《こうてい》を記して「富木殿御書」（同九六四頁）を送っています。

【師の著作活動を支える】

師・日蓮の教えを後世に伝える重要な役割を果たしたことも忘れてはなりません。富木常忍は、下総《しもうさ》国を実質知行《ちぎょう》し（治め）ていた千葉氏のもとで、事務官僚として働いていました。今風にいえば地方公務員です。仕事がら文書を取り扱うことに慣れており、いらなくなった書類を佐渡の日蓮のもとに送って、師の著作活動、経論の書写を支えていたのです。「紙背文書《しはいもんじょ》」という大量の日蓮の文書群があり、使用された紙の表側は日蓮の文字が、その裏側（紙背）には富木常忍の仕事に関する内容が書かれています。富木常忍がいらなくなった仕事上の書類を日蓮に提供していたことが明らかになったのです。

【御書を後世に遺《のこ》すことに徹した】

最大の功績は、富木常忍とその周辺の門下に送られた師・日蓮の著作・書簡類を厳重に保管し、後世に伝えようとした努力にあります。富木常忍はこれらを箱に入れ、目録《もくろく》を作り、「置文《おきぶみ》」を書いて師の業績が散らばらないようにしたのです。今に至《いた》るまで「観《かん》心本尊抄《じんのほんぞんしょう》」「立正安国論」「法華取要抄《ほっけしゅようしょう》」「四信五品抄《ししんごほんしょう》」などの重書が真蹟《しんせき》のまま保管されています。

富木常忍にとっての弟子の道とは、師・日蓮の指導を永遠に残すことにあったのかもしれません。

## 四条金吾

【折伏の闘士】

北条家の分家・江馬《えま》氏の家臣であった四条金吾は、主君のために命をも顧《かえり》みないほどの忠臣として仕えていました。しかし、日蓮の門下として先輩や同僚たちの誤った信仰に対しては厳しく対決し、ついには勇猛果敢《ゆうもうかかん》に主君をも折伏したのです。「主君に此《こ》の法門を耳にふれさせ進《まいら》せけるこそ・ありがたく候《そうら》へ」（同一一三三頁）と、日蓮もその勇猛果敢な信心を賞讃しています。

【鎌倉方面の重鎮《じゅうちん》】

日蓮の教団で一番門下の数が多かったのは鎌倉です。「開目抄《かいもくしょう》」を託《たく》され、「佐渡御書」

は鎌倉ではまず四条金吾に渡るように書かれており、日蓮の法戦の場・鎌倉の中心者として戦っています。

【竜《たつ》の口《くち》の刑場にお供する】

日蓮が頸《くび》の座に連行される報を聞き、駆《か》けつけました。その行動は師と共に殉教《じゅんきょう》をも辞《じ》さないという決死の覚悟の上でした。のち師・日蓮はことあるごとにこの時の四条金吾の不《ふ》惜《しゃく》身命《しんみょう》の行動をめでています。

【職場で勝利の実証】

信心をとるか、仕事をとるかと主君から迫《せま》られ、信心をやめなければ所領没収するとの命《めい》を受けた四条金吾は、身延の日蓮に信心を貫《つらぬ》く決意をしたためました。日蓮は即座にこれに応え、主君へ宛《あ》てた長文の「頼基陳状《よりもとちんじょう》」を代筆したのです。結局、この師弟の連携が効《こう》を奏《そう》し、謹慎《きんしん》処分で済みました。その三か月後、主君が病《やまい》に倒れ、医術の心得《こころえ》のあった四条金吾が呼ばれ、誠心誠意《せいしんせいい》、主君の治病《ちびょう》に当たりました。やがて主君の病気も平癒《へいゆ》し、ついには謹慎も解け、所領が三倍も加増《かぞう》されたのです。

## 池上兄弟

【信心反対の父を入信させる】

信心に反対する父は信心強盛な兄を勘当《かんどう》し、弟に家督《かとく》を譲《ゆず》ろうとしました。しかし師・日蓮は、信心をとるか、父親をとるか迷っていた弟に対して、「あなたはきっと退転するだろう」（「兵衛志殿御返事」同一〇九〇～一〇九一頁、趣旨）と手紙にしたためたのです。これを読んだ弟は逆に信心の炎を燃やし、兄といっしょに信仰の道を選んだのです。兄弟が心を一つにした結果、父親も折れ、ついに入信しました。一時は親の言うことに逆らう不孝な息子たちでしたが、真の親孝行を果たしたのです。異体同心の信心、最高の親孝行の模《も》範《はん》を池上兄弟が示してくれたのです。

【日蓮入滅の地は池上邸】

弘安《こうあん》五年九月、臨終が近いことを予感した日蓮は身延を出て、池上邸に入りました。日蓮が池上邸に入ったのはこれが最初で最後でした。千葉や神奈川に多くの門下がいたことを考えると、東京の池上兄弟の家は最も門下が集まりやすい場所だったのです。日蓮の葬儀は多くの弟子檀越《だんおつ》が参列し、池上兄弟は師の臨終を自宅で見届け、生涯の思い出を刻んだのです。

## 南条時光

【信心二世の模範】

南条家の信心は父・兵衛《ひょうえ》七郎の入信から始まりました。時光が五歳の時でしたが、七歳の時に父が亡くなり、南条家の信心は母に受け継がれたのです。残っている南条家への消息（手紙）からみると、南条時光が師・日蓮から最初にもらった確実な消息は文永十一年、十六歳の時でした。「其《そ》の上殿はをさなく《幼少》をはしき、故親父は武士なりしかども・あながちに法華経を尊み給《たま》いしかば・臨終《りんじゅう》正念《しょうねん》なりけるよしうけ給わりき、其の親の跡をつがせ給いて又此の経を御信用あれば・故聖霊《しょうりょう》いかに草のかげにても喜びおぼすらん」（「上野殿御返事」同一五〇八頁）とあります。親から受け継いだ信心を貫《つらぬ》いていくことが、亡き親を最高に喜ばすことになるという指導は、信心二世の時光の心に深く刻まれたのです。

二十代半《なか》ばまで師・日蓮に仕《つか》え、直弟子《じきでし》・日興に薫陶《くんとう》を受けながら成長していきます。身延を離山した日興を自邸に迎えたのも南条時光です。

【生涯不退の信心】

文永十一年、日蓮が身延に入ると、南条時光の住む上野郷《うえのごう》からは日帰りでいける距離だったので、時光は身延の日蓮を訪《たず》ね、供養を何度も届けました。そして、七十四歳で亡くなるまで七十年の信仰生活を純真に貫いたのです。持続の信心の模範でもあったのです。

【上野賢人と称される】

弘安二年十月に起きた熱原《あつはら》(現在の静岡県富士市)の法難は、門下に直接法難が及ぶという幕府による横暴《おうぼう》な弾圧でした。この時、熱原の農民たちが逮捕、監禁され、熱原の三烈士《さんれっし》は斬首《ざんしゅ》されたのです。南条時光も日蓮教団の外護《げご》のため命がけで戦いました。日蓮はそのことを讃《たた》え、弘安二年十一月六日付けの南条時光への消息に「上野賢人殿御返事」と記したのです。ちなみに「賢人」号は南条時光ただ一人です。

【貧しい中で熱誠の供養を続ける】

十代の若さで家督《かとく》を継いだといっても南条家はけっして裕福《ゆうふく》ではなく、幕府からも日蓮門下ということで常に厳しい目で見られていました。「わづかの小郷に・をほく《多》の公事《くうじ》せめあて《宛》られて・わが身は・のるべき馬なし・妻子はひきかくべき衣《きぬ》なし」（同一五七五頁）とあるように、わずかの所領に重税を課せられ、乗る馬もなく、妻は着る衣《ころも》もないという生活を強《し》いられていたことがわかります。

しかしその中で、わかっているだけでも南条家からの供養の数は三十七回にも及び、他の門下を圧倒しています。

# 消息（手紙）を多くもらった門下

門下の中で一番消息をいただいたのはだれなのか。対告衆《たいごうしゅう》が確定できない消息もありますが、次頁の表は三編以上もらった門下のランキングです。あくまで現行の『御書』をもとに、対告衆に異説のない消息を対象としたものです。なお、著述は対象としていません。あわせて真蹟《しんせき》が現存する消息の数も入れてみました。もちろん現在まで伝わっていない消息も多数あるでしょうから、確定的なものとは言えませんが参考として挙《あ》げておきます。

一位から四位までの南条時光、四条金吾、富木常忍、池上弟は前述してきた四大檀越《だんおつ》（在家の信徒）です（池上は兄を入れ池上兄弟として四大檀越に数えるのが普通です）。

この表を家単位で計算すると、南条家は時光（三十七編）と母尼《あま》（六編）と南条時光の妻

## 日蓮の門下への消息（手紙）の数

（　）は真蹟現存数

| | | | | |
|---|---|---|---|---|
| 1位 | 男 | 南条時光 | 37（16） | |
| 2位 | 男 | 四条金吾 | 29（ 6） | |
| 3位 | 男 | 富木常忍 | 25（15） | |
| 4位 | 男 | 池上弟 | 12（ 7） | 兄弟宛の3編を含む |
| 5位 | 男 | 大田乗明 | 9（ 2） | |
| | 男 | 曾谷教信 | 9（ 2） | |
| 7位 | 男 | 池上兄 | 6（ 2） | 兄弟宛の3編を含む |
| | 男 | 西山 | 6（ 2） | |
| | 女 | 南条母 | 6（ 6） | |
| | 女 | 窪尼 | 6（ 2） | |
| 11位 | 女 | 妙法尼 | 5（ 1） | |
| | 女 | 千日尼 | 5（ 2） | |
| | 男 | 松野 | 5（ 2） | |
| 14位 | 男 | 高橋 | 4（ 2） | |
| | 男 | 波木井実長 | 4（ 0） | |
| | 女 | 四条妻 | 4（ 1） | |
| | 女 | 松野妻 | 4（ 2） | |
| | 女 | 光日房（尼） | 4（ 2） | |
| 19位 | 女 | 大田妻 | 3（ 1） | |
| | 女 | 日妙・乙御前母子 | 3（ 2） | |
| | 女 | 池上弟妻 | 3（ 1） | |
| | 男 | 弥源太入道 | 3（ 0） | |
| | 女 | 富木妻 | 3（ 3） | |

に一書あるので計四十四編、四条家は四条金吾（二十九編）と妻（四編）とで三十三編、富木家は富木常忍（二十五編）と妻（三編）とで二十八編、池上家は兄弟二人で十五編とその妻の三編で十八編となり順位は変わりません。

意外なのは、池上家に宛《あ》てた消息十八編のうち兄の池上宗仲だけに与えられたのは、わずか三編しかないことです。信心がしっかりしていた兄より、揺れ動いていた弟とその妻に対する消息がほとんどなのは興味深いものがあります。

また、この表からは読み取れませんが、四条金吾夫妻宛の消息三十三編のうち、日蓮が鎌倉にいた時のものはわずか二編しかありません。それは鎌倉で指揮を執《と》る師・日蓮のもとへ四条金吾が頻繁《ひんぱん》に通《かよ》い、指導・訓練を受けていたから手紙のやりとりの必要がなかったからだと考えられます。

# 日蓮の門下の数

ここでは『御書』に記される門下の名前と御本尊を授与された門下の名前をすべて拾い出し、門下の人数を次頁の表にまとめておきます。

この表によれば、日蓮門下は出家の弟子が七十人、在家の檀越《だんおつ》（信徒）が百八十九人ということになりますが、これはあくまで『御書』と御本尊に書かれている人数ですから、実際にはもっと多くの門下がいたと思われます。

特に檀越すなわち在家の門下は、わかっているだけで百八十九人です。現在まで名前が伝わっているということは、その大半が、子孫によって師・日蓮からいただいた御本尊や手紙を大切に継承《けいしょう》してきた証《あかし》でもあります。気になるのは、『御書』には書かれていても御本尊を授与されていない在家の門下が多くいることです。これはあとで述べますが、御

## 『御書』に記された日蓮門下の数

| | 合計 | | 御書 | | 本尊 | | 本尊も御書もあり |
|---|---|---|---|---|---|---|---|
| 弟子（僧） | 70人 | ＝ | 58人 | ＋ | 16人 | － | 4人 |
| 信徒（俗） | 189人 | ＝ | 154人 | ＋ | 44人 | － | 9人 |
| 計 | 259人 | ＝ | 212人 | ＋ | 60人 | － | 13人 |

本尊への授与書きが日号や妙号の付いた法名《ほうみょう》となっており、四条頼基《よりもと》とか池上宗仲《むねなか》というような実名になっていないため、御本尊の授与書きからはだれのことかわからないという実態があるからなのです。

　状況証拠から推定した門下数の推移《すいい》について考えてみました。『御書』に載《の》っている消息の数を竜《たつ》の口《くち》の法難以前、佐渡期、身延期で計算してみると次のようになります。

消息の数（法門編を除く）

・竜の口の法難以前　十七編
・佐渡期　十九編
・身延期　二百九十九編

　この数字だけで考えると、日蓮の教団は佐渡期以前はわずかしか門下がいなかったように思えます。それまで振るわなかった勢力が、佐渡流罪赦免《しゃめん》以後は爆発的に拡大していったと考えていいのでしょうか。日蓮が門下に書いた手紙からは、竜の口の法難以前ではわずかに十四人の在家の門下しか名前が出てきません。二年余にわたった佐渡流罪の手紙の宛先でも十八人ですから、門下のほとんどは身延時代に日蓮に結縁《けつえん》した人たちばかりだったと、数字の上では判断しがちになるのです。しかし、実際はそうではありませんでした。

あえて「門下数の推移」を推定し、折れ線グラフで表してみました。これによると、日蓮の教団の勢力は、竜《たつ》の口《くち》の法難（一二七一年）までは順調に増えており、三十二歳で立宗宣言し（一二五三年）、以後五十歳になるまでの十八年間、鎌倉を拠点とした折伏・弘教は大きな成果を示していたのです。伊豆流罪やふるさと安房《あわ》へ戻った期間を除く約十五年に及ぶ鎌倉を中心とする弘教活動は確実に実り、多くの門下が誕生したと考えられるのです。

なぜそう言えるのか。

「日蓮が弟子等を鎌倉に置くべからずとて二百六十余人しる《記》さる」（「種種御振舞御書」『御書』九一六頁）。竜の口の法難直後に幕府が作成したブラックリストです。この人数は出家

## 日蓮門下の人数の推定推移

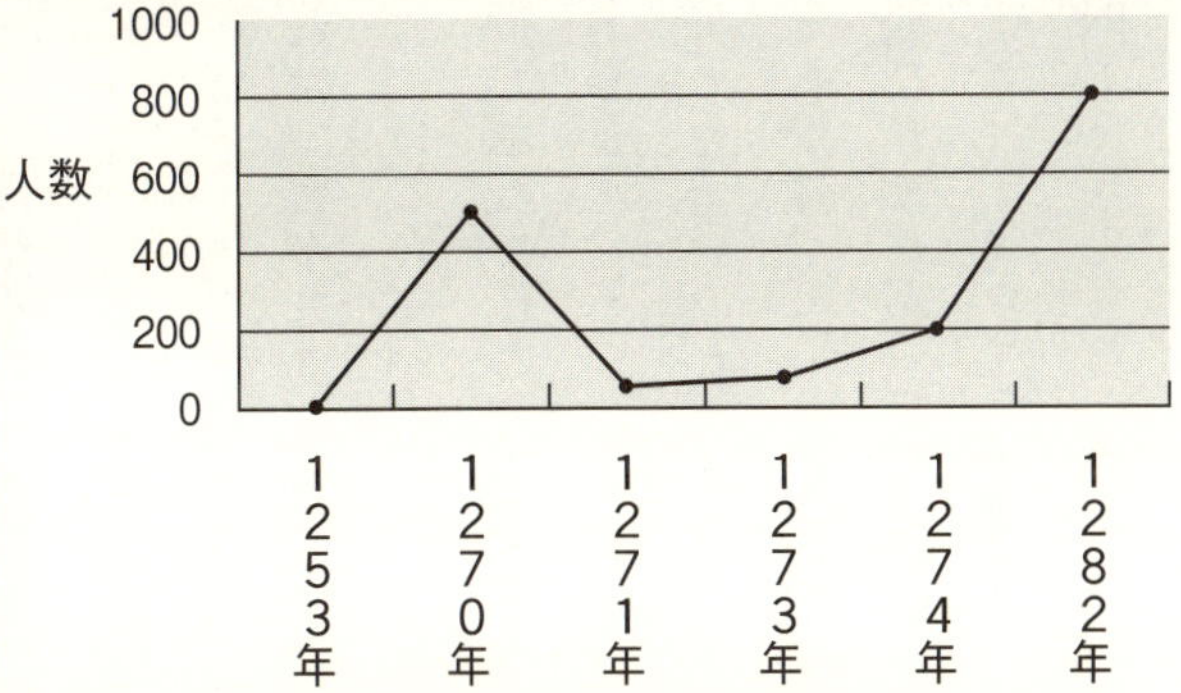


| （出来事） | 立宗宣言 | 鎌倉布教 | 竜の口の法難 | 佐渡流罪 | 流罪赦免 | 入滅 |
|---|---|---|---|---|---|---|
| （西暦） | 1253 年 | 1270 年 | 1271 年 | 1273 年 | 1274 年 | 1282 年 |

の弟子を除けばほとんどが鎌倉に住む在家の門下であり、家を構《かま》える家《か》長《ちょう》（男性）だったと思われます。ですから一人の家長の家族や下人《げにん》、所従の数も含めていけば、かなり多くの人が日蓮の仏法を信奉《しんぽう》していたことになります。

　家長が入信しながら、その家族は未入信ということはこの時代はほとんどありませんから、少なくとも二百六十人の二倍、五百人は確実に超えていたでしょう。当時の鎌倉の人口は三万人から五万人といわれていますから、鎌倉の日蓮教団は幕府も無視できないほどの大きな存在に成長していたのです。そういう意味で「かまくら《鎌倉》にも御勘気《ごかんき》の時・千が九百九十九人は堕《お》ちて候《そうろう》」（「新尼御前御返事」同九〇七頁）という「千人」の表現は、おそらく実数に近いものである可能性が高いと考えられます。数えるばかりの門下であれば「百が九十九人」で事足りたはずです。ただ、「九百九十九人」が退転したというのは、ほとんどの人が信心をやめていったと受け取るべきです。組織は壊滅《かいめつ》に近い打撃を受けた状況が伝わってきます。ここに佐渡期以前の消息がほとんど伝えられていない理由があります。

二十年近く鎌倉で弘教《ぐきょう》の指揮を執《と》っていた日蓮は、多くの門下に手紙を書いていたはずです。それが残っていないのは、手紙をいただいた門下が竜の口の法難を契機《けいき》に退転したことに他なりません。むしろ残っている十八編の手紙は、信心を貫いた人たちの信仰の証《あかし》でもあるといえましょう。輝かしい広宣流布の歴史に名を留めることなく退転していった多くの門下に与えられた手紙は、こうして歴史の舞台からも消えてしまったといえるのです。したがって、鎌倉布教の教線は竜の口の法難以前にすでに大きく拡大していたと考えられます。

日蓮の教団の進展に危惧《きぐ》を抱《いだ》いた幕府と、積み上げてきた名声・特権を脅《おびや》かされる危機感をもった真言律宗《りっしゅう》の良観《りょうかん》や念仏の良忠《りょうちゅう》などが結託《けったく》して、竜の口の法難へとつながる背景が、こうしたことからも浮き上がってきます。

## 門下の男女比

### 日蓮門下の男女比

男子 133 人（70.4%）　女子 56 人（29.6%）
計 189 人

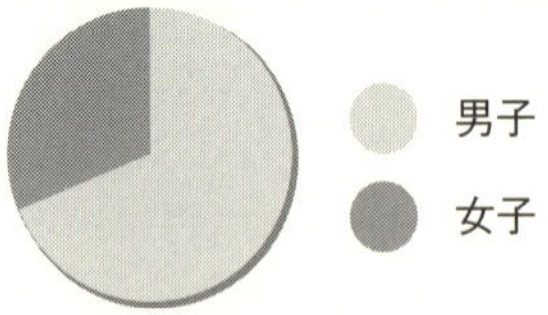


檀越《だんおつ》（在家の信徒）の男女比について調べると、およそ七対三の割合となります。文献に現れる女性信徒が三割近くあるというのは、男社会にあってかなり高率な数字といえます。そのほとんどが法名《ほうみょう》を除けば○○殿妻、○○殿女房、○○殿母、○○殿後家尼《ごけあま》などという表現となっており、実名が伝わる女性信徒がほとんどいないにもかかわらず、三割を占めているというのは、日蓮教団がいかに女性信徒によって支えられていたかを証明するものといえるでしょう。

## 居住地別の門下群像

日蓮の教団は、主に次の九か国に居住していた門下たちによって形成されていました。駿河《するが》（静岡）、甲斐《かい》（山梨）、佐渡（新潟）、相模《さがみ》（神奈川）、武蔵《むさし》（東京）、上総《かずさ》（千葉）、安房《あわ》（千葉）、下総《しもうさ》（千葉）、伊豆《いず》（静岡）です。地域別の在家の門下を一覧にすると、次頁の表のようになります。

いただいた消息の数や内容から、壮年と婦人の中心者を最初に挙《あ》げてみました。太字は女性信徒を表しています。組織的には鎌倉を中心とする相模（神奈川）と駿河（静岡）と市川市を拠点とする下総（千葉）が三大組織といえます。それぞれ四条金吾、南条時光、富木常忍が在家の門下の中心的役割を担《にな》っていました。日蓮在世の時代は正式な寺院は存在していませんが、すでに地域別に教団化が芽生《めば》えていたと考えていいと思います。

## 主要門下の地域別在住地一覧

| 地域 | 〈駿河〉 | 〈甲斐〉 | 〈佐渡〉 | 〈相模〉 | 〈武蔵〉 |
|---|---|---|---|---|---|
| 中心者 | 南条時光 | 波木井実長 | 阿仏房 | 四条金吾 | 池上宗仲 |
| | **窪尼** | | **千日尼** | **桟敷の尼** | |
| | | | | | |
| | 松野入道 | 大井入道 | 国府入道 | 十郎入道 | 池上父 |
| | 〃 **女房** | 〃 **妻** | 〃 **女房** | **四条女房** | 〃 **宗仲妻** |
| | 南条父 | 下山兵庫 | **一谷女房** | | 〃 **弟妻** |
| | 〃 **母** | | 中興入道 | 大学三郎 | |
| | 〃 **女房** | | 〃 **女房** | 〃 **女房** | |
| | 〃 平七郎 | | | 河野辺入道 | |
| | 三沢 | | | 宿屋入道 | |
| | 高橋入道 | | | 滝の太郎 | |
| | **持妙尼** | | | **日妙聖人** | |
| | 石河入道 | | | **乙御前** | |
| | **石河女房・娘** | | | 妙密上人 | |
| | 西山入道 | | | 〃 **女房** | |
| | **妙法尼** | | | 椎地四郎 | |
| | 熱原三烈士 | | | 弥源太 | |
| | 河合入道 | | | | |
| | **内房女房** | | | | |

| 地域 | 〈上総〉 | 〈安房〉 | 〈下総〉 | 〈伊豆〉 |
|---|---|---|---|---|
| 中心者 | | 工藤吉隆 | 富木常忍 | 船守弥三郎 |
| | | **光日尼** | 〃 **女房** | 〃 **女房** |
| | 佐久間兵庫 | **新尼** | 大田乗明 | 伊東八郎左衛門 |
| | 星名太郎 | **大尼** | 〃 **女房** | |
| | | 弥四郎 | 曾谷教信 | |
| | | | 金原法橋 | |
| | | | 秋元太郎 | |
| | | | 大田次郎 | |

※太字は女性の信徒を示す。

# 日号の授与

日蓮は出家の弟子たちに対して日号（日の字から始まる名称）を授けています。日号は在家の檀越《だんおつ》（信徒）たちにも授けています。御本尊の授与書き（曼荼羅《まんだら》の脇に書かれた授与者の名前）を見ると、多くの在家に日号が与えられていることがわかります。

優婆塞《うばそく》（男性の信徒）日安・日安女・俗《ぞく》日肝・日仰優婆塞・尼《あま》日厳・俗日重・俗日常・尼日実・俗日大・優婆塞日田・日仏・日妙・俗日目・俗日頼・優婆塞日久・俗日専・日頂上人・比《び》丘尼《くに》日符・俗藤原国貞法名《ほうみょう》日十・優婆塞藤原日生・優婆塞源日教・俗藤三郎日金・優婆塞藤太夫日長と二十三人にも及んでおり、男女比は十八対五となっています。

在家の門下に日号を与えているのを挙《あ》げてみると、日眼女《にちげんにょ》・日厳尼《にちごんあま》・日女御前《にちにょごぜん》・日妙《にちみょう》聖人《しょうにん》（以上女性）・日住禅門《にちじゅうぜんもん》・石本日仲聖人《いわもとにっちゅうしょうにん》・日若御前《ひわかごぜん》の七人となり、男女比は三対

## 在家の檀越（信徒）に対する日蓮・日興からの日号授与数

| 御本尊を授与された信徒数 | | 内・法名が記された人数 | 日号授与数（比） |
|---|---|---|---|
| 日蓮 | 43人 | 28人 | 23人（82.1パーセント） |
| 日興 | 83人 | 14人 | 4人（28.6パーセント） |

四となります。このうち日厳尼は、御本尊の授与者にも出てきます。

このように日蓮は「男女僧尼は嫌《きら》うべからず」（「四条金吾殿女房御返事」『御書』一一三四頁）といわれるように、僧俗も男女も差別することなく、在家の檀越（信徒）に日号を授《さず》けていることは特筆すべきことなのです。それは日興による日号授与と比べるとよくわかります。上表は、御本尊を授与された信徒の数と、そのうち日号を授かった信徒の数を比較したものです。いかに日蓮が在家の信徒を大切にしていたかが伝わってきます。

日号は実名とは別に入道したり尼《あま》になったりした時に、しかるべき出家僧を師として命名してもらう法名《ほうみょう》のことです。したがって、生きているときにもらう名前であって、死後戒名《かいみょう》とは違います。死後戒名は鎌倉時代にはなく、室町時代から始まり、江戸時代に広く普及したのです。

# 日蓮の供養の御礼表現

数多くの門下が何度も身延の日蓮のもとに供養を届けたことは、消息からも知ることができますが、中にはけっして裕福《ゆうふく》とはいえない門下たちがそれこそ生活を切り詰めながら、できるかぎりの供養をしていることも少なくありません。それこそ、多くはないけれども、まごころを込めての供養でした。日蓮もそのことがよくわかっていたからこそ、手紙の冒頭に供養に対する御礼を記したのです。

日蓮の供養に対する御礼の表現を読んでいると、師に対する弟子の思いと弟子に対する師の思いが信頼の太い絆《きずな》で強く結ばれていたことを感じざるをえません。日蓮の僧俗観《そうぞくかん》は、僧は門下によって生かされ、門下のために身を賭《と》して仏法の実践に徹するという姿勢であり、世法的な上下関係とはまったく違うものでした。

「白米は白米にはあらず・すなはち命なり」（「白米一俵御書」『御書』一五九七頁）というようにお米の供養に対して命ほどにありがたいことを記され、「仏になり候《そうろう》事は凡夫は志《こころ》ざしと申す文字を心へ《得》て仏になり候なり」（同一五九六頁）と門下のこころざしの深さが必ず成道へとつながると激励するなど、供養の尊さを語る御書は枚挙《まいきょ》にいとまがないほど多く見受けられます。

門下もことあるごとに身延の師のもとへ供養の品々を届けていました。池上兄弟の弟・兵衛志《ひょうえのさかん》は「四季を論ぜず日月をたださず・ぜに《銭》・こめ《米》・かたびら《帷子》・きぬこそで《衣小袖》・日日・月月にひまなし」（「兵衛志殿御返事」同一〇九八頁）というように、たえまのない供養を続けていたのです。

同じ門下から同じものが届けられても、日蓮の御礼の返事は同文ということはありませんでした。まごころにはまごころで応えた日蓮は、常に御礼の表現にも工夫を凝《こ》らし、指導の内容にも心をくだいていています。

「千日尼《せんにちあま》御返事」の真蹟を拝すると、「鵞目《がもく》一貫五百文のり《海苔》わかめ《海藻》ほしいい《干飯》しなじなの物給《た》び候い了《おわ》んぬ」（同一三一八頁）と書かれていますが、冒頭の「鵞目一貫」の四文字だけで縦三十一・五センチの紙の一行分使っているのがわかります。供養に対する感謝の気持ちが、文字を通して強烈に伝わってきます。活字にしてしまうと、こういうところまでわからないのは残念です。

この門下にはいつどのような指導をしたのかというような覚え書きは、おそらく残されていなかったでしょう。それでも同じような内容の消息が一つもないことは、日蓮の細やかな心配りが感じられます。

たとえば、お金をいくらいただいたのかを表すのは、「銭〇貫文給び候ひ了ぬ」という定型表現でもいいように思えますが、日蓮は「銭《ぜに》」「鵞目《がもく》」「鳥目《ちょうもく》」「青鳧《せいふ》」「鵞眼《ががん》」というようにお金の「別称」を多く用い、形式的な御礼の表現とならないよう配慮しているのです。

供養とは、仏教の上からいえば布施《ふせ》に当たります。布施は大乗仏教の菩薩の修行である六波羅密《ろくはらみつ》の一つです。すなわち布施・持戒《じかい》・忍辱《にんにく》・精進《しょうじん》・禅定《ぜんじょう》・智慧《ちえ》の六つですが、布施が最初に位置づけられています。つまり、利他に徹する菩薩が、仏法に身を投《とう》じて修行していく身の供養の精神が布施行に込められているのです。

この「身の供養」は日蓮の立場からいえば、人生を仏法に捧《ささ》げていくことに他なりません。まさに「死身弘法《ししんぐほう》」「身軽法重《しんきょうほうじゅう》」そのものです。そこまで徹底した生き方は、門下がまねできるものではありませんでした。ですから、門下は師への深い畏敬《いけい》の念と強い信頼を寄せ、師の広宣流布への激闘に少しでも貢献していこうと供養をしていったのです。
供養する門下に対して日蓮は「青鳧《せいふ》五連の御志は日本国の法華経の題目を弘めさせ給《たま》ふ人に当《あた》れり」（「妙密上人御消息」同一二四一頁）そして「法華経の行者を供養する功徳はすぐ《勝》れたりとかせ給う」（「上野殿御返事」同一五〇八頁）といわれるように、供養は仏法流布の戦いに師と共に参加していることに通じるものなのです。

　こうして門下たちは、供養を通して功徳の花を咲かせ、師弟共戦の歓びを感じながら、自身のため、師のため、仏法流布のため、心のこもった供養を積み重ねていったのです。

## 門下たちの供養

門下からの供養に対する御礼表現をみていると、どの門下が何をどのくらい、また何回供養したのか知りたくなってきます。しかし、それによって門下の信心の厚薄《こうはく》を計ることはできないし、誤解されると門下の名誉を傷つけることにもなりかねません。

それでも、あえてランキングの表を作成してみました。もちろん、今に伝わっていない消息も多数あるでしょうから、あくまでも参考としてとらえてください。この表のままだと、載《の》っていない千日尼《せんにちあま》や松野殿などはどうなのだろうということになってしまいますから——。しかも、この表はあくまでもお金の供養だけの集計で、実際の供養はお金だけではありません。当然、米や野菜など重いものは、南条時光のように身延《みのぶ》から近い人たちが届けており、必然的にお金の供養は遠隔地《えんかくち》の門下に多くなるわけです。

## 日蓮に対する門下たちの供養一覧（参考例）

| 1回の金額ベスト9 | | 門下名 | 『御書』頁 |
|---|---|---|---|
| ①母十三回忌 | 銭二十貫文 | 刑部左衛門尉女房 | 1397 |
| ② | 鵞目十貫 | 曾谷入道 | 1057 |
| | 鵞目十連 | 南条時光 | 1507 |
| | 鳥目十貫文 | 太田左衛門尉 | 1014 |
| 父百箇日 | 御布施料に十貫 | 内房女房 | 1420 |
| ⑥ | 青鳧七結 | 富木常忍 | 982 |
| | 御布施七貫文 | 日女御前 | 1245 |
| ⑧ | 銭六貫文<br>一貫次郎分 | 池上兵衛志 | 1098 |
| ⑨ | 青鳧五貫文 | 西山殿 | 1474 |
| | 鵞目五貫文 | 富木常忍 | 979 |
| | 鵞目五貫文 | 四条金吾 | 1139 |
| | 鵞目五貫 | 日女御前 | 1243 |
| | 青鳧五貫文 | 池上兵衛志 | 1104 |
| | 青鳧五貫文 | 妙密上人 | 1237 |
| | 青鳧五連 | 〃 | 1241 |

（銭一貫文は一説では現在の20万円位の価値だったと思われます）

お金による供養、回数ベスト5

| | | |
|---|---|---|
| 富木常忍 | 10 | ＋女房　2 |
| 四条金吾 | 9 | |
| 南条時光 | 6 | |
| 阿仏房・千日尼 | 4 | |
| 池上兄弟 | 4 | |

**身延期の供養回数**

| | |
|---|---|
| 南条時光 | 36 |
| 富木常忍 | 17 |
| 四条金吾 | 15 |
| 池上兄弟 | 10 |
| 大田乗明 | 7 |
| 曾谷教信 | 3 |

要は、門下たちがそれぞれの家計のやりくりの中で、まごころを込めて精一杯《せいいっぱい》の供養をしていたことを忘れてはならないのです。師が心おきなく仏法流布の戦いに邁進《まいしん》できるように、その尊い信仰の実践を支える重要な役割を感じて、門下たちの供養は重ねられていったのです。

十回以上供養しているのは四大檀越《だんおつ》（在家の信徒）です。中でも南条時光の供養回数は他の門下を圧倒していることがわかります。

供養の品々はお金だけではありませんが、あえて特徴を挙《あ》げるなら「米と芋《いも》の南条時光」「お金の富木常忍」「酒の四条金吾」といえそうです。

鎌倉の四条金吾は、酒は飲むなと繰り返し注意されていたにもかかわらず、何回もお酒を供養しているのはむしろほほえましい感じがします。ただ、お酒は薬用として、師の健康のために供養したものなのです。医術の心得もあった四条金吾の名誉のために書き留めておきます。

## 勤行の内容

創価学会での勤行は、御本尊に向かって正行としての南無妙法蓮華経の題目を、助行として法華経《ほけきょう》方便品《ほうべんぼん》の十如是《じゅうにょぜ》の文までと寿量品《じゅりょうほん》の自我偈《じがげ》を読んでいます。十如是は、日蓮が南無妙法蓮華経の理論的根拠として重要視した一念三千（衆生の一念のなかに三千〈＝現象世界のすべて〉が具《そな》わる）の法門に通じる内容が説かれ、私たちの生命にも仏界が内在していることが明かされるので、理の一念三千と称されています。寿量品の自我偈は、三世にわたる生命観が明かされ、仏界を涌現する南無妙法蓮華経の題目に通じる内容となっているので、事の一念三千と称されています。したがって、法華経の迹門と本門の要義《ようぎ》を明かす経文として方便品の十如是までと寿量品の自我偈を読んでいるわけです。

しかし、かつては寿量品の長行《ちょうぎょう》を読んでいたこともあり、江戸時代には方便品の十如是とそのあとの世雄偈《せおうげ》を読んでいたこともありました。

　では、日蓮在世の時代の勤行は決まった形があったのでしょうか。御書を見るかぎり、どうも門下全員同じ形での勤行は行われていなかったようです。もちろん題目を唱えることについては基本の修行であり、これは今と変わりません。

「法華経は何《いず》れの品も先に申しつる様《よう》に愚かならねども殊《こと》に二十八品の中に勝《すぐ》れて・めでたきは方便品と寿量品にて侍《はべ》り、余品は皆枝葉にて候《そうろう》なり、されば常の御所作には方便品の長行と寿量品の長行とを習い読ませ給《たま》い候《そうら》へ」（『月水御書』『御書』一二〇二頁）という一節があります。大学三郎の妻に与えられた一節ですが、方便品と寿量品が法華経の肝要《かんよう》であるとした上で方便品と寿量品両方とも長行を日々読んでいくように指示しています。ただし方便品の長行は、方便品全文なのか十如是とそのあとの世雄偈なのか明確ではありません。

　また、曾谷《そや》教信《きょうしん》には「方便品の長行書進《かきまいら》せ候先に進せ候し自我偈《じがげ》に相副《そえ》て読みたまうべし」（「曾谷入道殿御返事」同一〇二五頁）とあるので、ここでは方便品の長行と自我偈の読《どく》誦《じゅ》を指示しています。ただ、毎日実践する勤行であるのかどうかは不明です。その曾谷教信が日々読誦していたのは自我偈でした。曾谷教信は父が亡くなった日から十三年間一日も欠かさず、毎朝自我偈を読んでいたのです。「今の施主（＝曾谷教信）・十三年の間・毎朝読誦せらるる自我偈《じがげ》の功徳は唯仏与仏《ゆいぶつよぶつ》・乃能究尽《ないのうくじん》なるべし、夫れ法華経は一代聖教の骨髄《こつずい》なり自我偈は二十八品のたましひなり、三世の諸仏は寿量品を命とし十方の菩薩も自我偈を眼目とす」（「法蓮抄」同一〇四九頁）とあるように、自我偈の意義と功徳について曾谷教信に強調しています。

では、方便品は読まなくていいのか。実はこの問題について、曾谷教信に次のようなエピソードが残っているのです。文永十年（一二七三年）四月に書かれた「観心本尊抄」の一節に「一品二半よりの外は小乗教・邪教・未得道教・覆相《ふぞう》教と名く」（同二四九頁）とあり、これを見た曾谷教信は、寿量品とその前後の半品以外は未得道教であり、一品二半に入らない、方便品は読誦する必要はないと勝手に判断してしまったのです。「観心本尊抄」はその「送状《おくりじょう》」（同二五五頁）の中で「此《こ》の書は難多く答少《すくな》し未聞《みもん》の事なれば人耳目《じもく》を驚動《きょうどう》す可きか、設《たと》い他見に及ぶとも三人四人坐を並べて之を読むこと勿《なか》れ」（同頁）とあるにもかかわらず、富木常忍《ときじょうにん》・大田乗明《おおたじょうみょう》・曾谷教信の三人が座を並べて読み、案《あん》の定《じょう》、勝手な解釈をしてしまったのです。おそらくこの時、曾谷教信は方便品の読誦もしていたのでしょう。だから、もう読むのはやめようと考えたのです。

二年後の建治《けんじ》元年（一二七五年）、このことを日蓮は富木常忍の手紙で知り、曾谷教信を厳《きび》しく指導しています。「抑《そもそ》も今の御状に云《いわ》く教信の御房・観心本尊抄の未得等の文字に付て迹門をよまじ《不読》と疑心の候なる事・不相伝の僻見《びゃっけん》にて候か」（「観心本尊得意抄」同九七二頁）とあり、曾谷教信の考え違いを指摘しているので、方便品の読誦を門下たちにも奨励《しょうれい》していたことがうかがえるのです。

一方、今の私たちの勤行と同じ形式で行っていた門下もいました。松野殿が師・日蓮に宛てた手紙の中でこう述べています。「此の経を持ち申して後退転なく十如是・自我偈を読み奉《たてまつ》り題目を唱へ申し候なり」（「松野殿御返事」同一三八一頁）とあり、松野殿は方便・自我偈そして唱題（南無妙法蓮華経を唱えること）の実践をしていたことが明らかです。

以上、大学三郎妻・曾谷教信・松野殿への消息文に見る勤行のあり方からいえることは、最大公約数として自我偈読誦だけは共通しており、方便品読誦については十如是の部分が重要だったということになるでしょう。こうしてみると唱題は当然必須《ひっす》の修行ですが、法華経のどこを読誦するのかは、決められてはいなかったようです。

また、松野殿は、師・日蓮に次のような質問をしています。「聖人の唱えさせ給《たま》う題目の功徳と我れ等が唱へ申す題目の功徳と何程《いかほど》の多少候《そうろう》べきや」（同頁）と、師の唱える題目と弟子の唱える題目に功徳の違いはあるのかと聞いています。これに対する日蓮の答えは、師でも弟子でも唱える題目に「勝劣《しょうれつ》あるべからず」（同頁）と明言しています。したがって、門下にとっても、法華経を読むより題目を唱えることが重要だったのです。

事実、法華経読誦と唱題の違いについて日蓮は「一 廿 八品 悉《にじゅうはっぽんことごとく》 南無妙法蓮華経の事」のはじめに「今日蓮等の弘通《ぐつう》の南無妙法蓮華経は体なり心なり廿八品は用《ゆう》なり廿八品は助行なり題目は正行なり正行に助行を摂す可《べ》きなり云云《うんぬん》」（「御義口伝」同七九四頁）とあるように、題目＝正行、法華経読誦＝助行と明確に位置づけています。

したがって、日蓮在世時代の勤行のあり方は、どこまでも唱題根本であり、法華経を読むのであれば寿量品の自我偈は必須《ひっす》となり、次に方便品の十如実相《じゅうにょじっそう》（十如是が真実・ありのままの姿ということが説かれる文）を読むことが続くというところで落ち着きそうです。

つまり、法華経のどこを読むのかということは唱題に比べれば第二義的ということになり、時代、個々の状況などによって変化することもありうるといっていいでしょう。

## 消息（手紙）の漢字使用率

真筆の消息をみると門下によって漢字が多かったり、ひらがなだらけであったりと、違いがあることに気がつきます。たとえば南条時光への消息は、真蹟《しんせき》が多数現存しているだけでなく、時光が年若くして幅広い教養を積むまでに至《いた》っていないこともあって、法門を表《おもて》に立てるより、故事《こじ》・説話・歴史的事柄の叙述《じょじゅつ》を通した指導・激励が大きな特徴です。したがって、南条書は「かな」使用の頻度《ひんど》が高く、漢字は最小限度にとどめられています。計算すると、真蹟現存の南条時光への消息文十六書で使用される「漢字」の使用率はわずか二〇・四％（合計一万千二百二十六字の内、漢字は二千二百九十二字）でしかありません。

では、南条時光以外の門下ではどの程度なのかという興味が涌《わ》いてきます。

そこで真蹟を対象として、他の門下についても調べてみました。その結果を「漢字」の

## 門下への消息（手紙）にみる日蓮の「漢字使用率」

| | | | 漢字使用率 | 対象真蹟数 |
|---|---|---|---|---|
| 有 | 男 | 富木常忍 | 54.5% | (15) |
| | 女 | 大田妻 | 50.9% | (1) |
| 有 | 男 | 大田乗明 | 50.5% | (2) |
| 有 | 男 | 曾谷教信 | 47.6% | (2) |
| | 男 | 四条金吾 | 47.4% | (6) |
| 有 | 弟 | 三位房 | 46.5% | (2) |
| | 弟 | 浄顕房 | 42.0% | (1) |
| | 女 | 千日尼 | 41.1% | (2) |
| | 男 | 西山 | 38.0% | (2) |
| | 女 | 日妙＋乙御前 | 37.6% | (2) |
| | 男 | 高橋 | 36.8% | (2) |
| | 女 | 四条妻 | 34.4% | (1) |
| 有 | 男 | 池上弟 | 34.3% | (7) |
| | 男 | 南条父 | 34.1% | (1) |
| | 女 | 妙一 | 34.0% | (1) |
| | 女 | 富木妻 | 32.7% | (3) |
| | 男 | 池上兄 | 32.1% | (2) |
| | 女 | 松野妻 | 31.4% | (2) |
| | 男 | 松野 | 29.7% | (2) |
| | 女 | 南条母 | 22.9% | (6) |
| | 男 | 南条時光 | 20.4% | (16) |
| | 女 | 窪尼 | 15.0% | (2) |
| | 女 | 光日房（尼） | 13.6% | (2) |

使用率の高い順に並べると右の表のようになります。ただし、一、二編しか残っていない門下も多いので、これによって在家の信徒の教養のレベルを推《お》し量《はか》ることは早計《そうけい》ですが、一応の目安にはなるでしょう。

表の「有」は真蹟《しんせき》現存の漢文体の書状を与えられた門下を示しています。ただし、これらの書状はすべて漢字ですから、この表の漢字使用率の対象からははずしています。また、「男」は男性の檀越《だんおつ》（在家の信徒）、「女」は女性の在家の信徒、「弟」は出家僧の男弟子を示しています。

こうしてみると、千葉方面の富木《とき》・大田《おおた》・曾谷《そや》や四条金吾への消息は出家の弟子をものぐ漢字の使用率となっています。妻たちの中では大田乗明《じょうみょう》の妻はずぬけていますが、富木常忍《じょうにん》の妻は漢字が低率になっています。

この表からは門下の教養レベルを知るということよりも、日蓮が門下一人一人のことを熟知《じゅくち》し、手紙の趣旨《しゅし》がよく理解できるように漢字とひらがなの使い分けまで細《こま》やかな心配りをしていたということを知るべきでしょう。

―し―

# ＊用語索引＊

# ＊図表索引＊

（この図表索引の見出しは、本文の図表のテーマをもとにしたキーワードに置き換えて活用の便宜を図りました）

【生涯】



【法難】



【真蹟情報】



【旧暦・元号】

著者略歴

**小林正博**（こばやし・まさひろ）

1951年、東京都生まれ。東洋哲学研究所主任研究員。創価大学非常勤講師。

学習院大学法学部・立正大学仏教学部卒。立正大学大学院博士課程修了。博士（文学）。

主な著書に『日蓮の真実』『日本仏教の歩み』『日蓮大聖人の御書を読む（上）』、解読・解説に『日蓮大聖人御傳記』などがある。

**図表《ずひょう》で読《よ》む日蓮遺文《にちれんいぶん》**

2012年 7月16日　初版第1刷発行
2012年12月10日　初版第2刷発行

著　者　小林正博《こばやしまさひろ》
発行者　大島光明
発行所　株式会社 第三文明社
東京都新宿区新宿 1-23-5　〒160-0022
電話番号　編集代表 03-5269-7154
　　　　　営業代表 03-5269-7145
振替口座　00150-3-117823
URL　http://www.daisanbunmei.co.jp

印刷・製本　明和印刷株式会社


ISBN978-4-476-06219-9